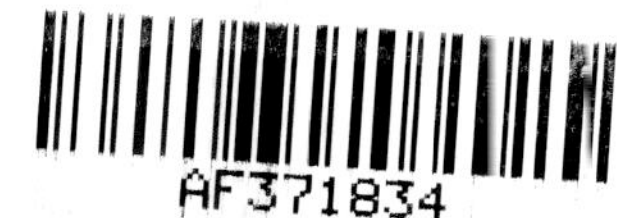

EN LAS SOMBRAS

COLOREAR LIBRO VAMPIRO EDICIÓN ADULTOS

Coloring Bandit

Publicado por Speedy Publishing Canada Limited

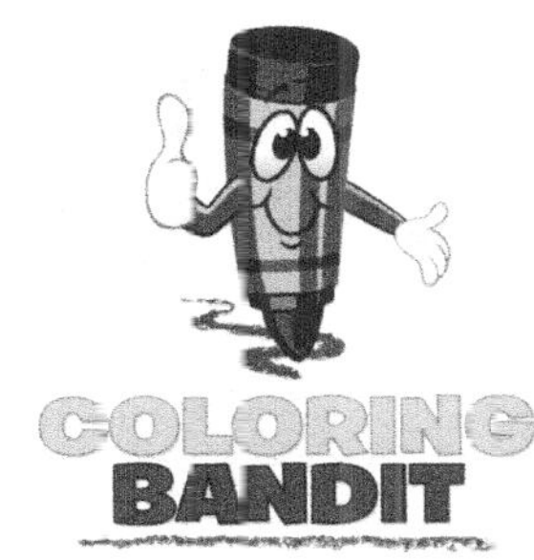

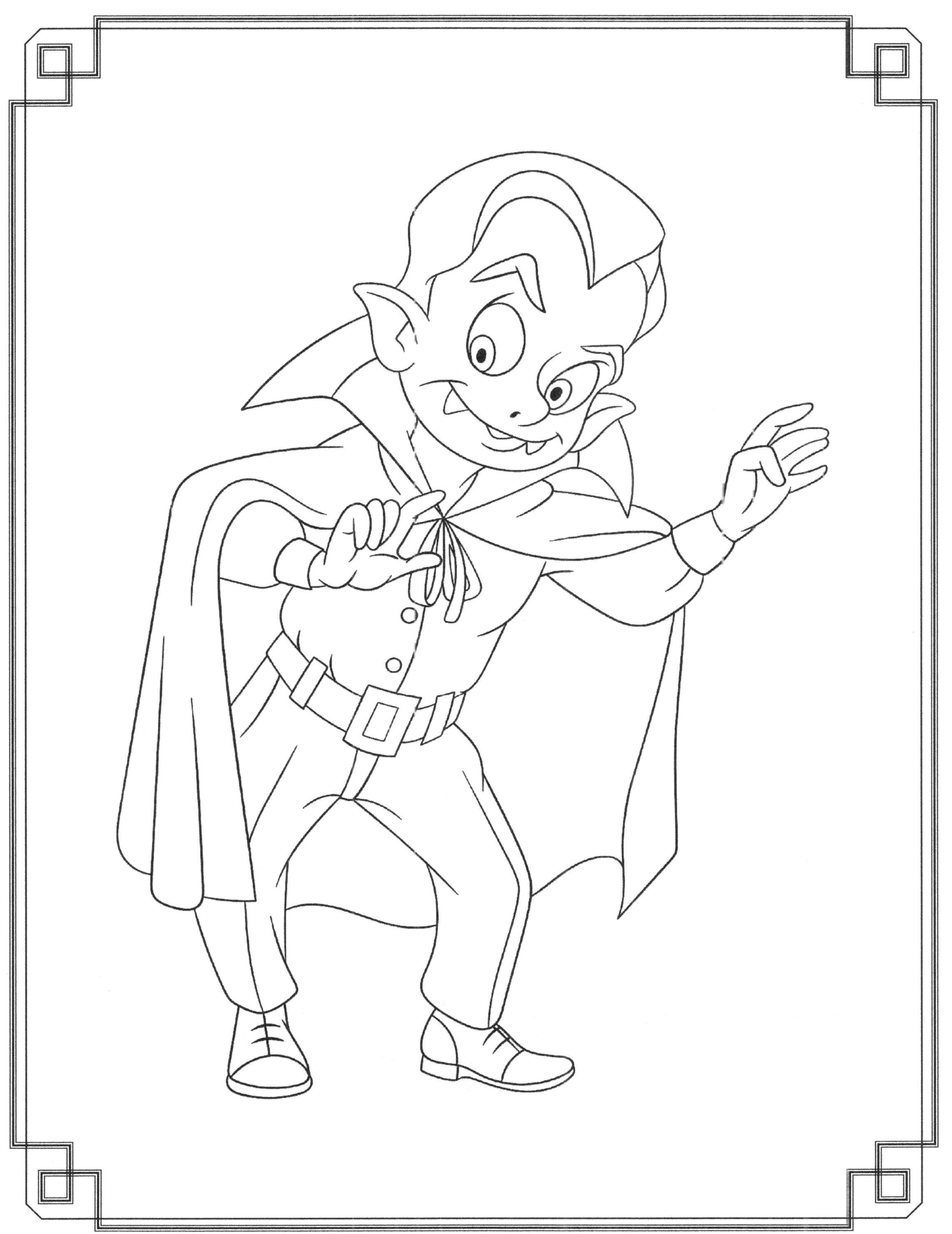

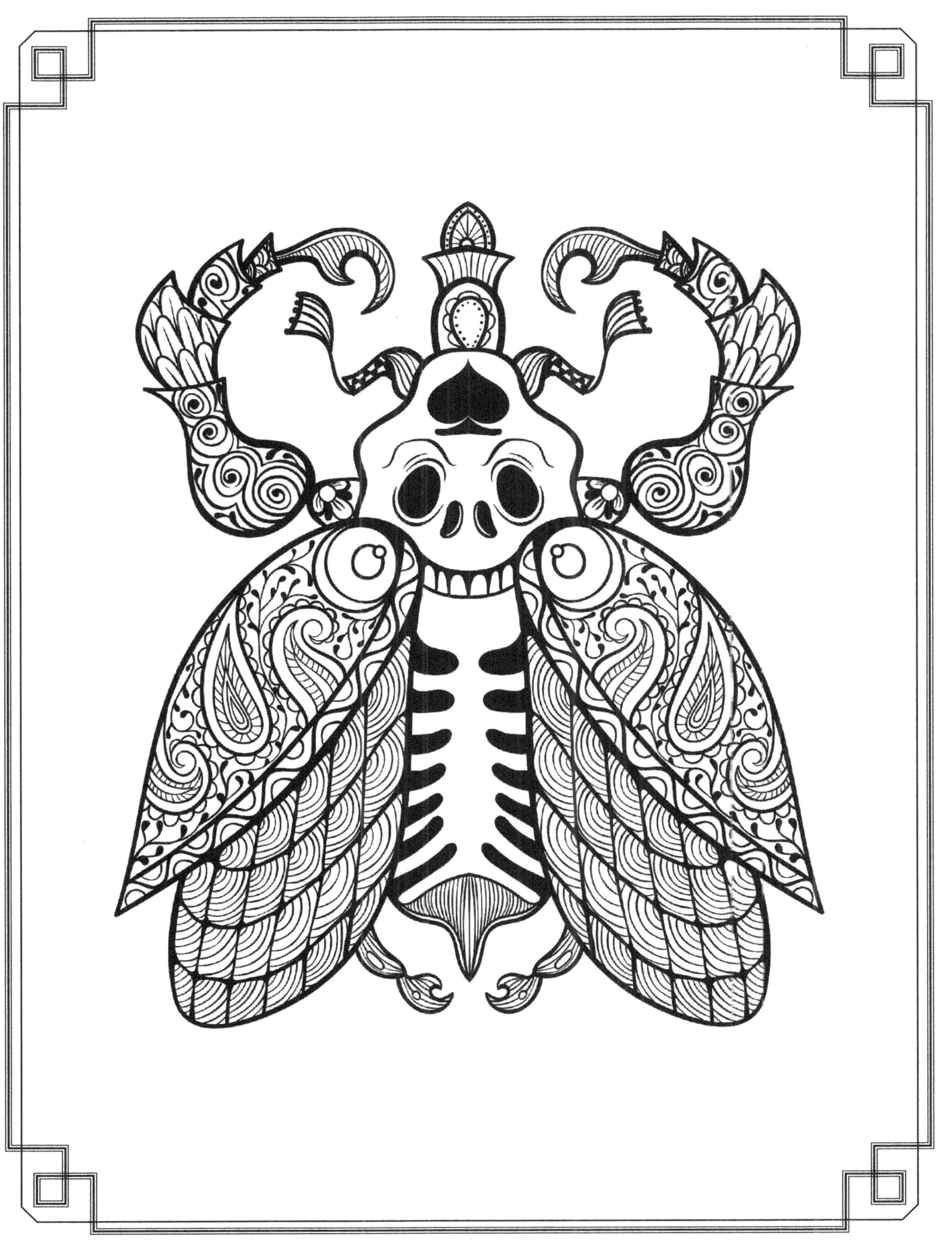

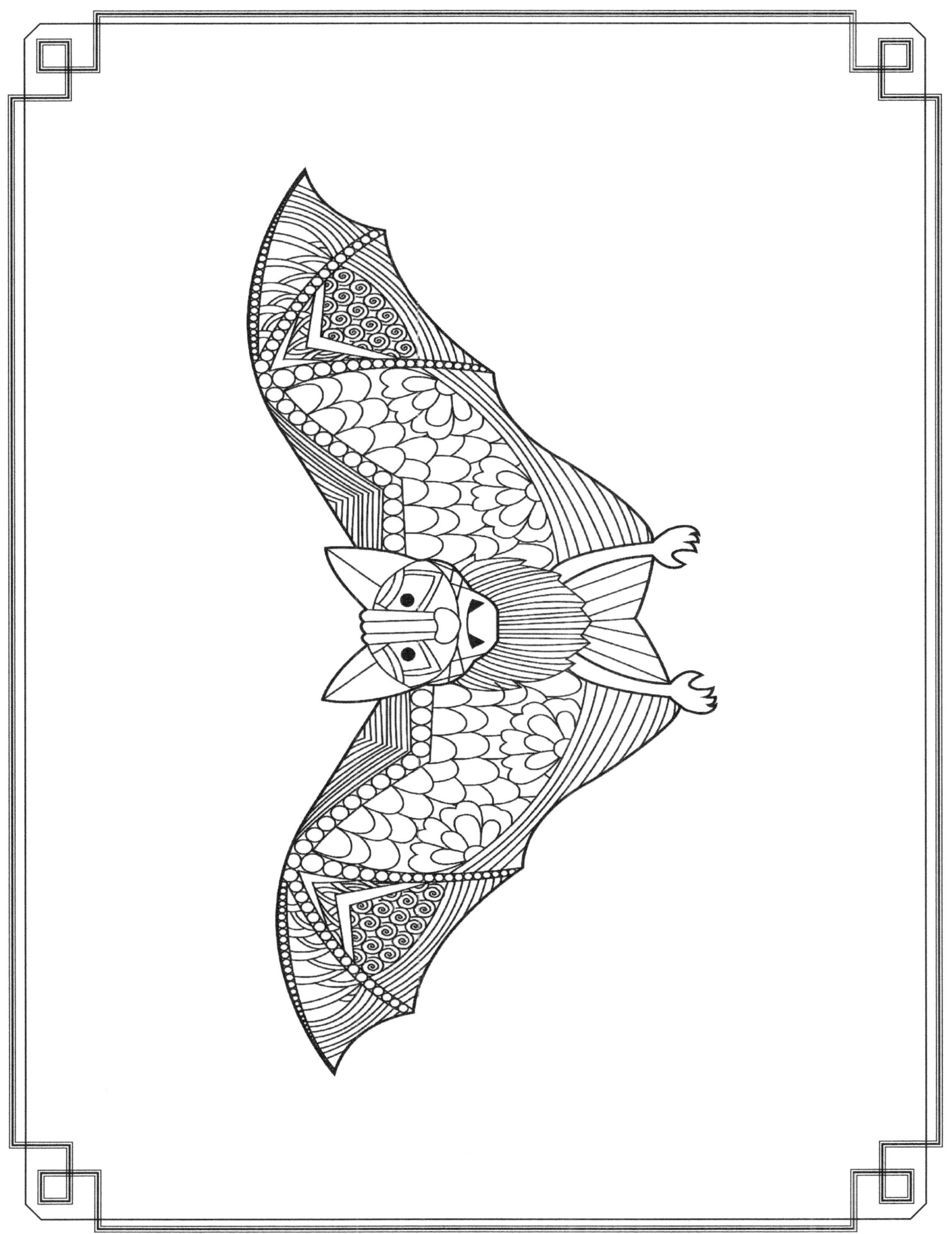

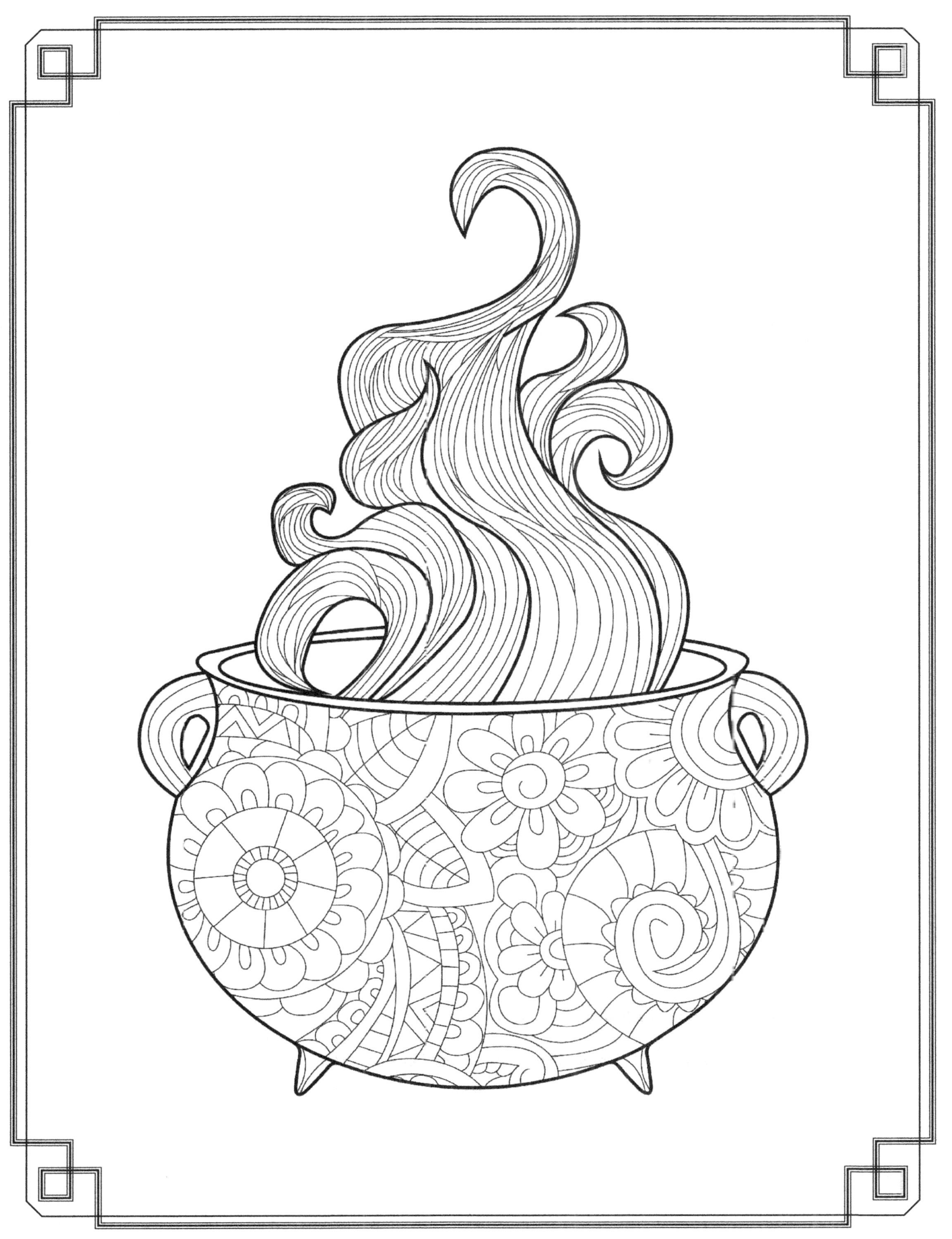

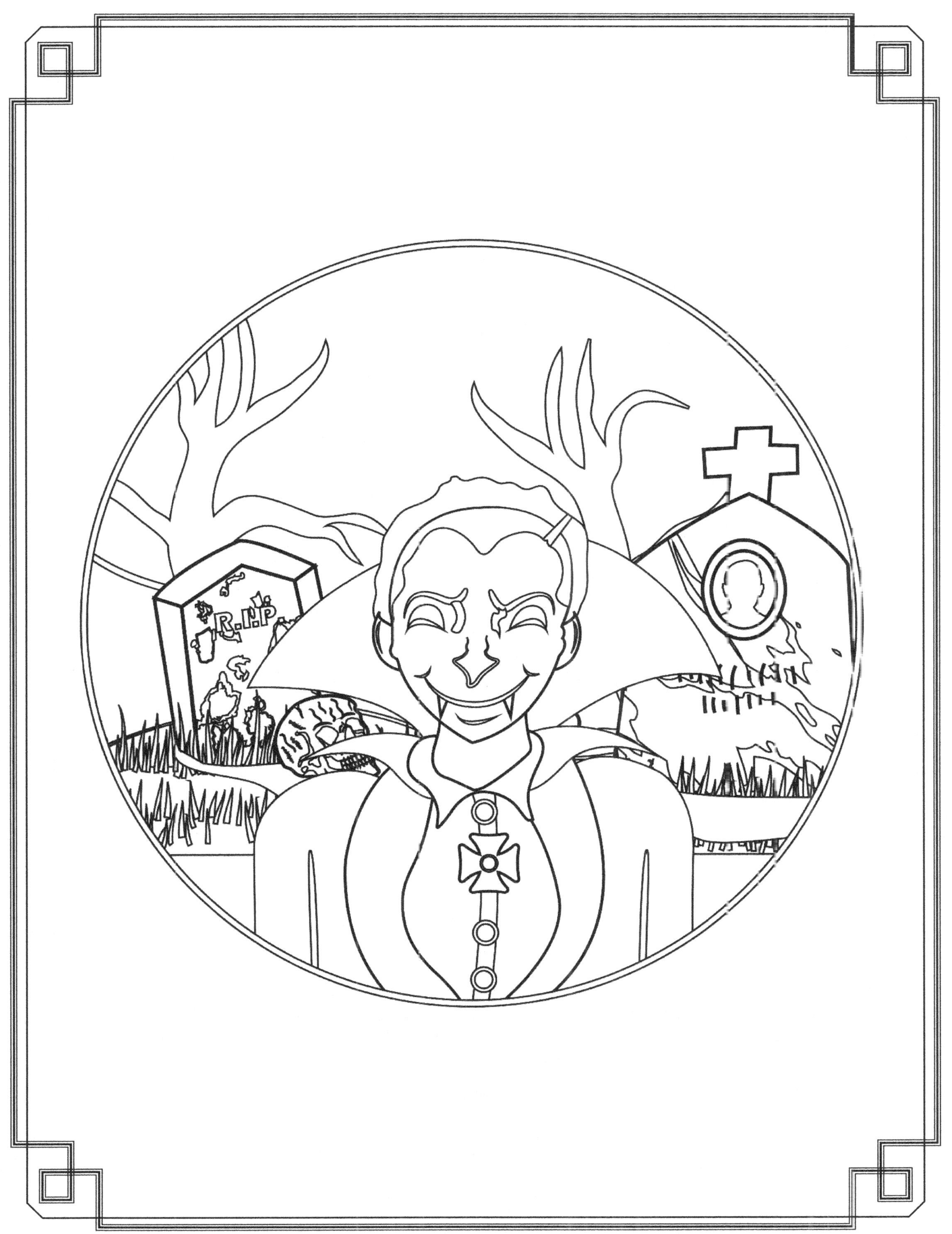

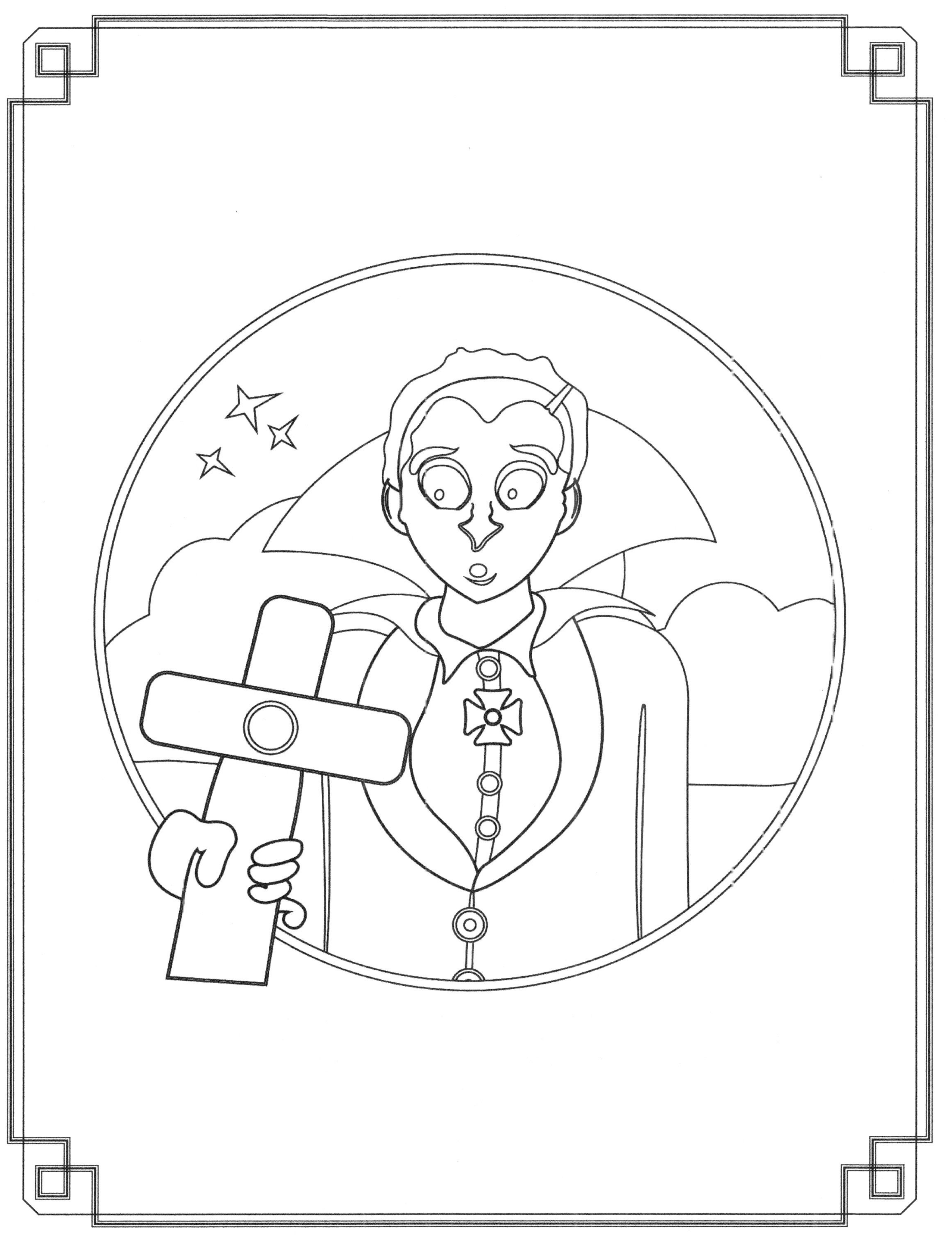

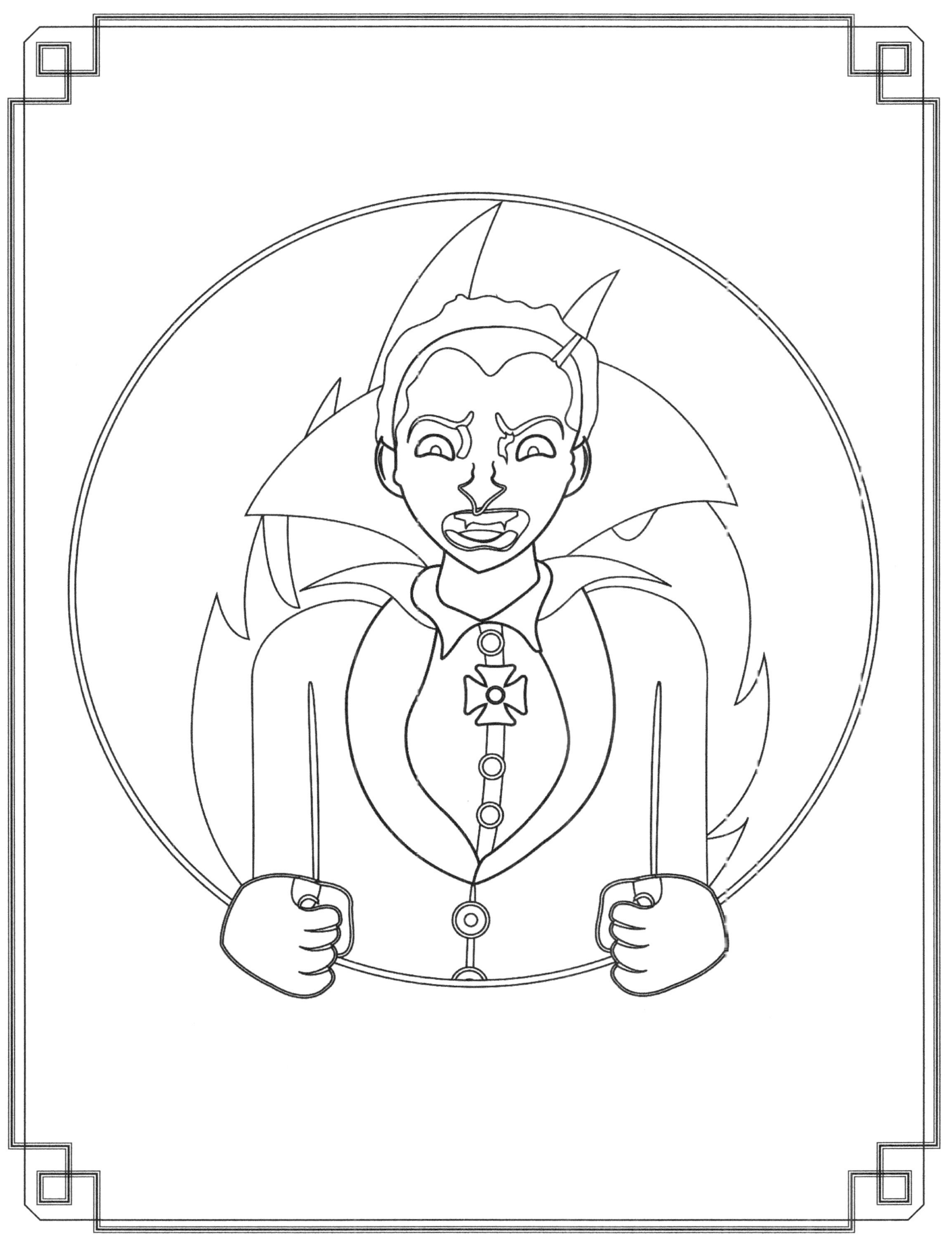

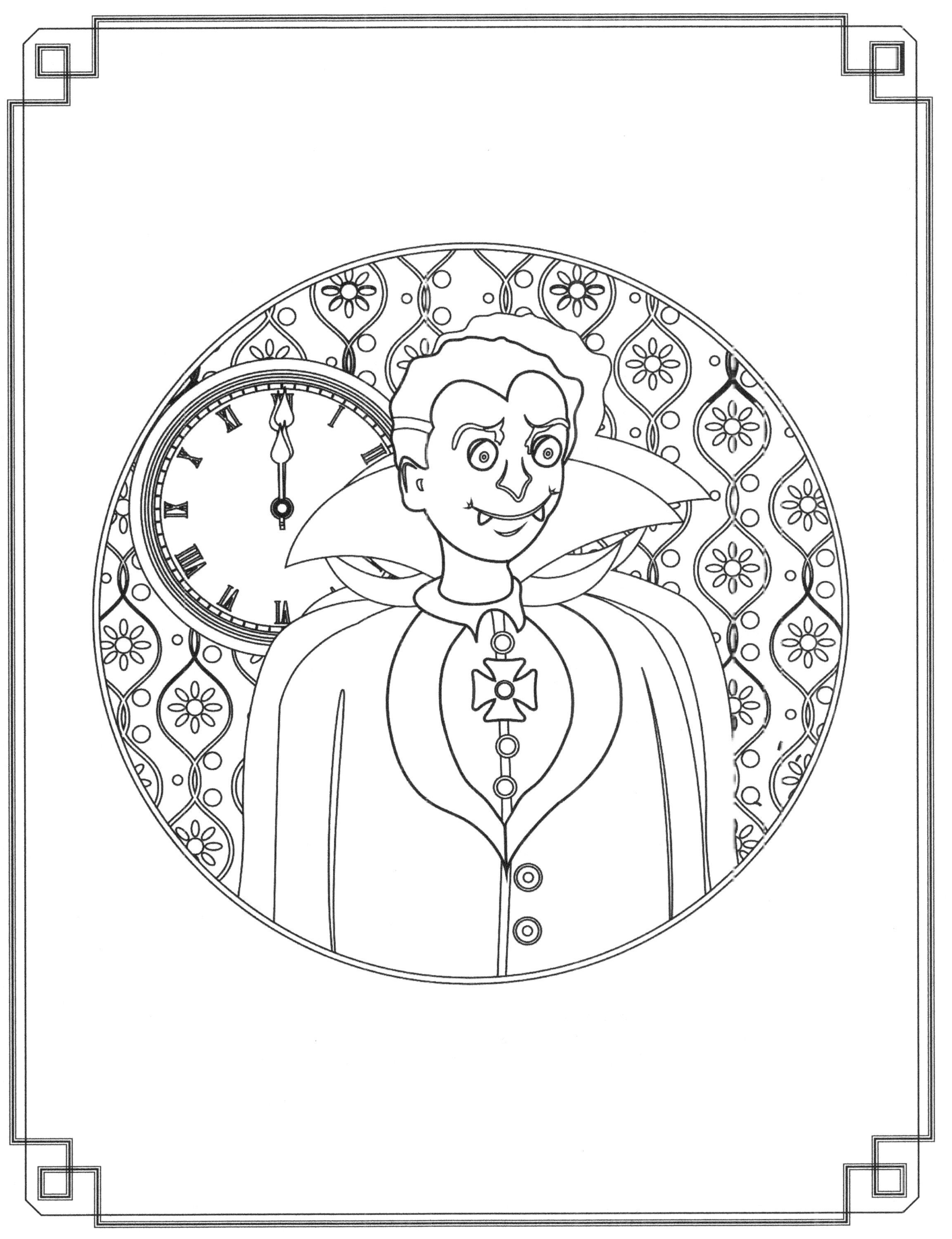

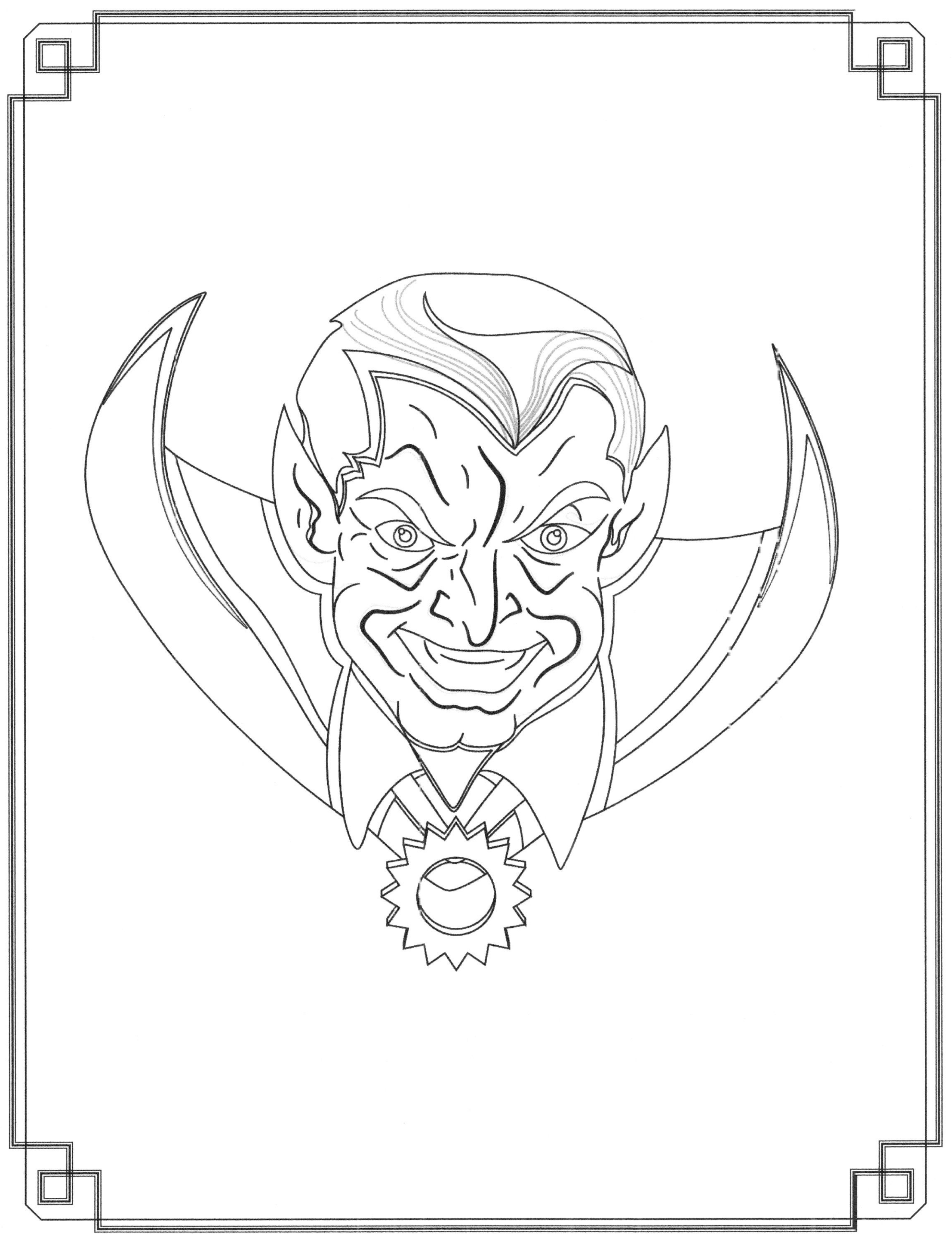

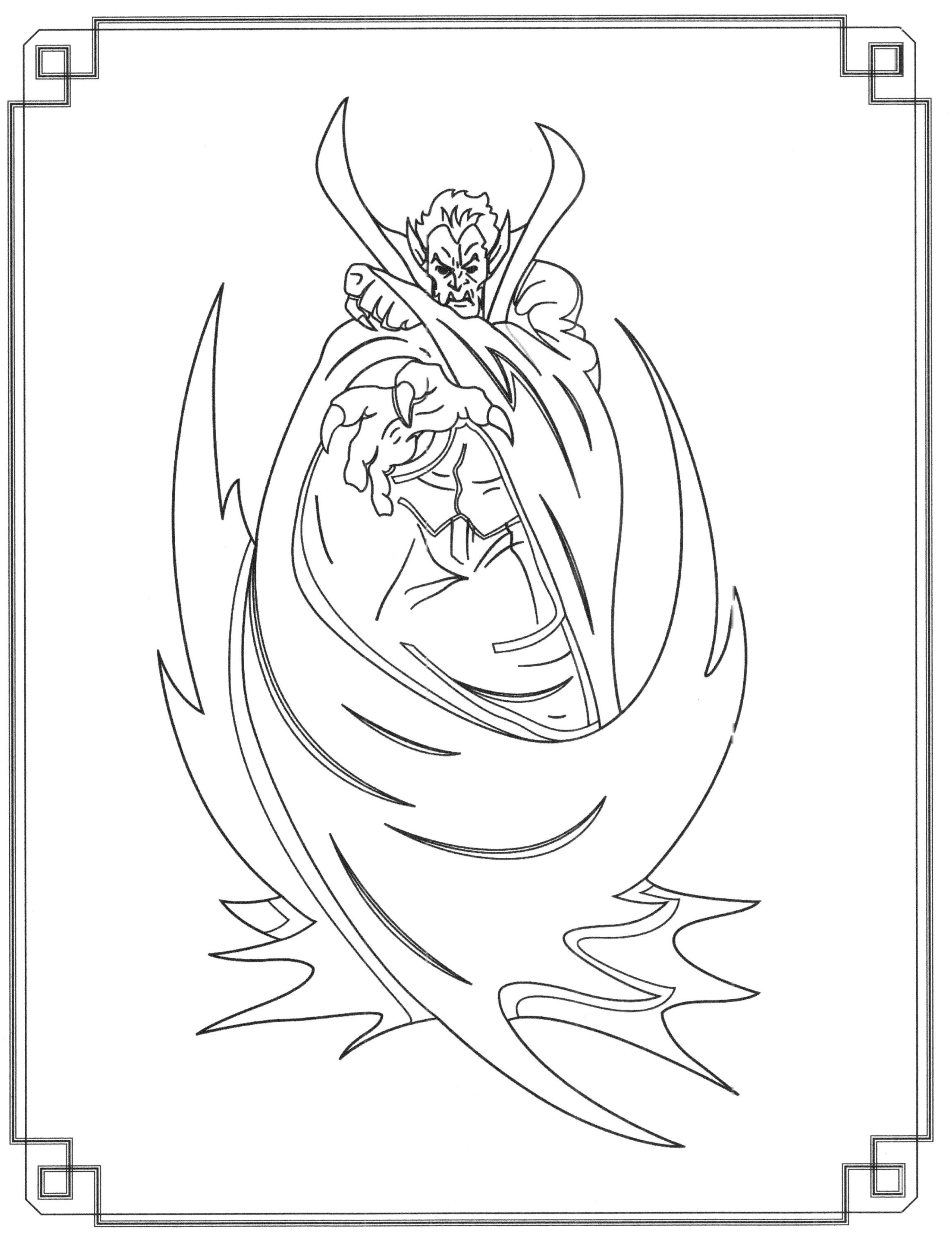

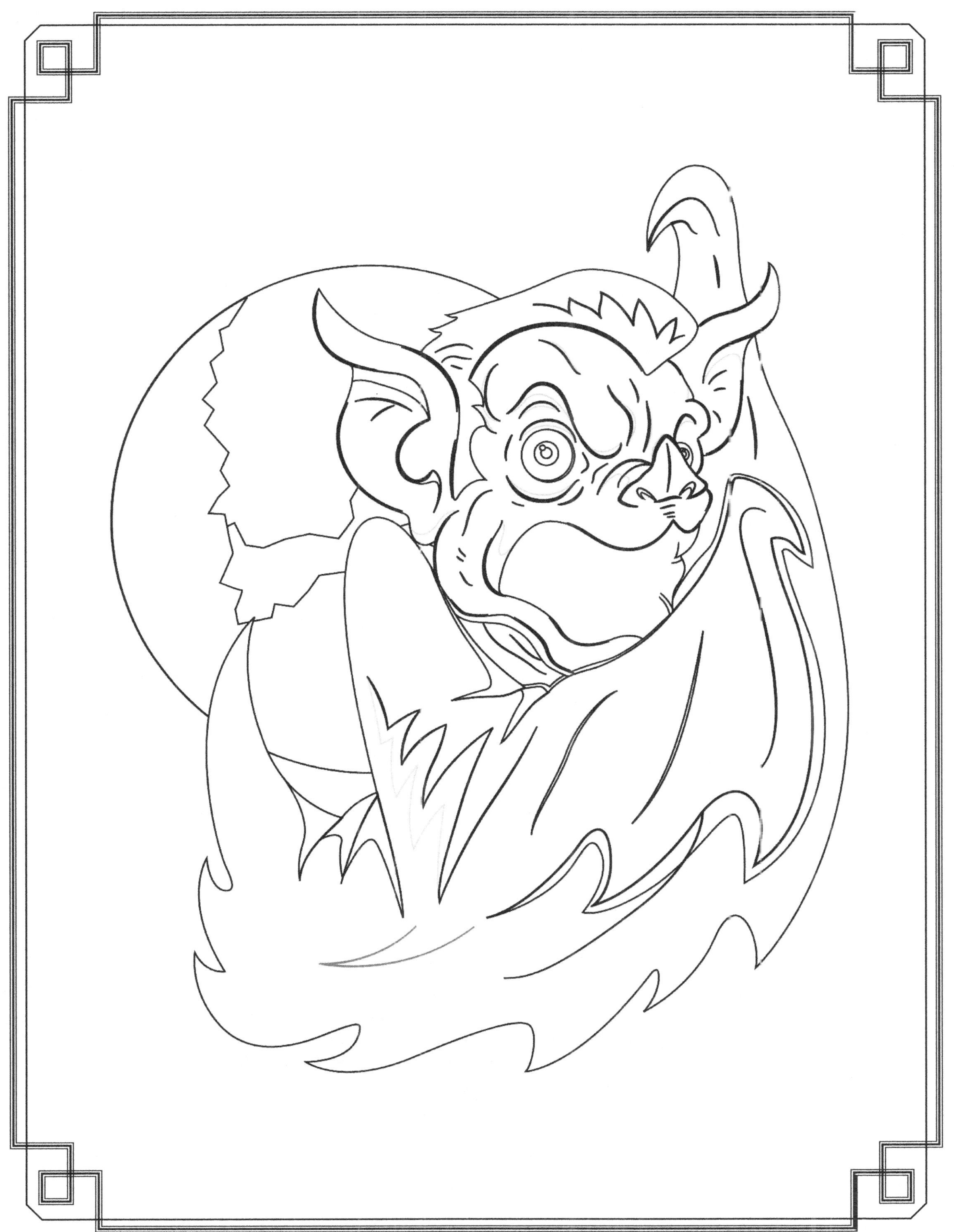

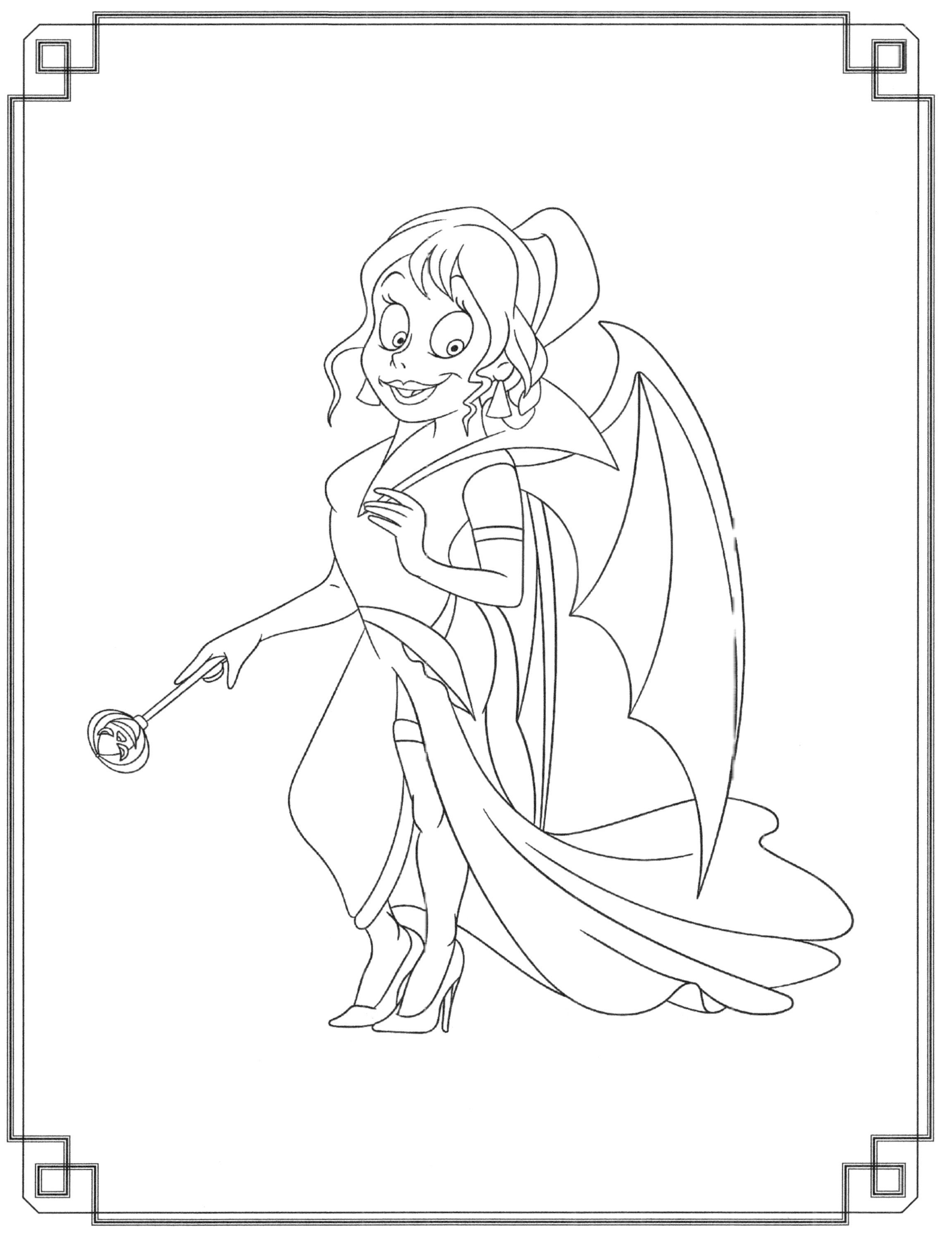

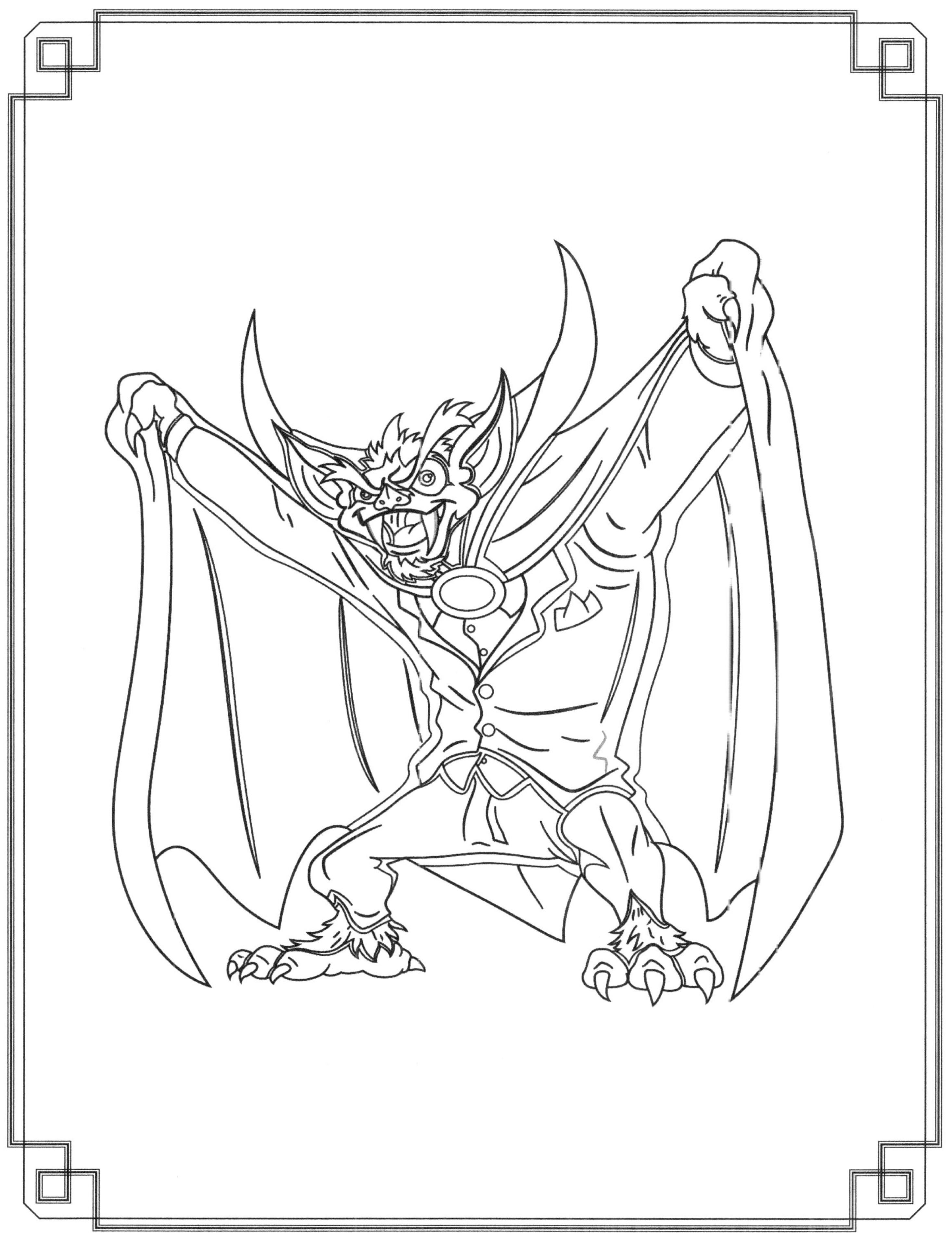

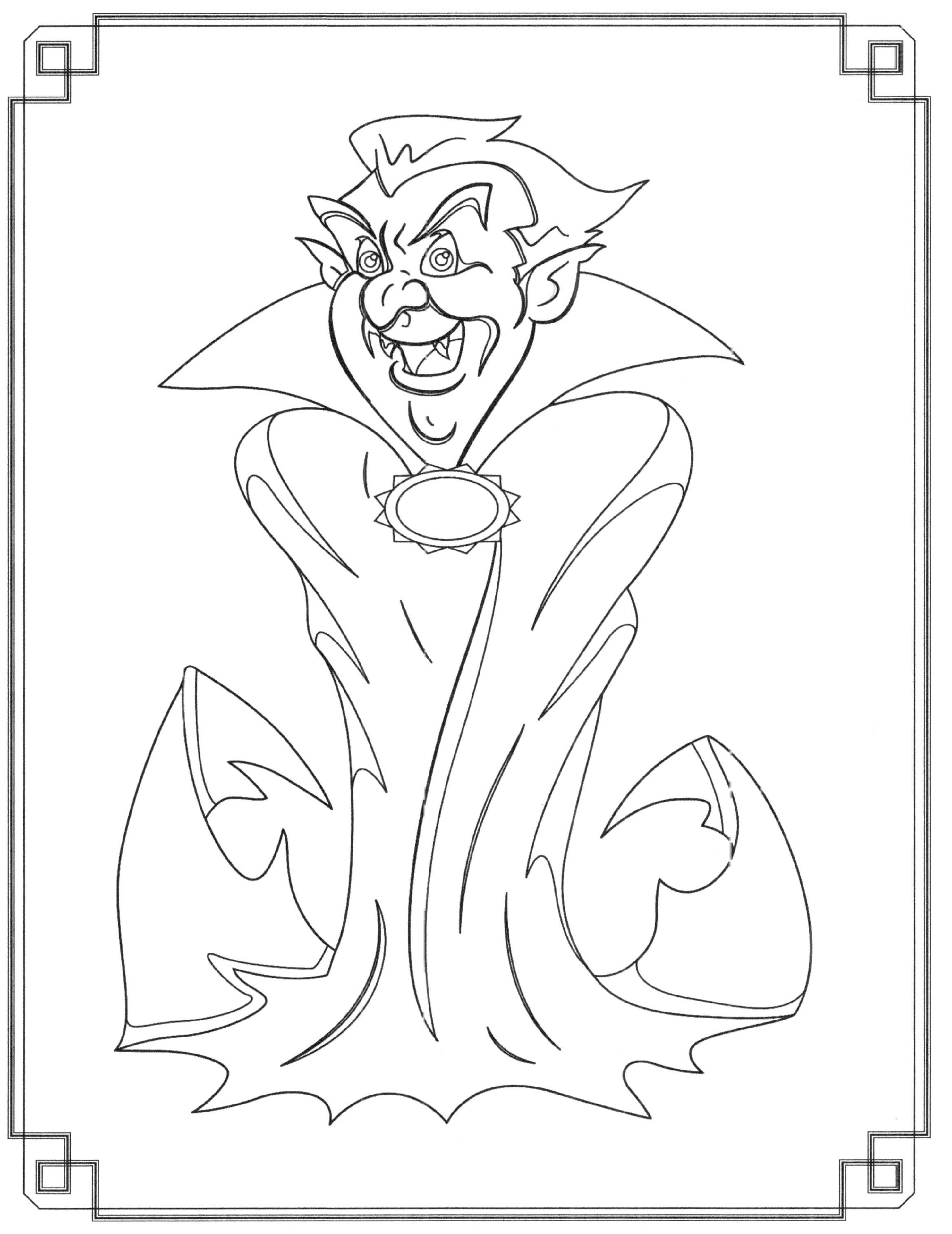

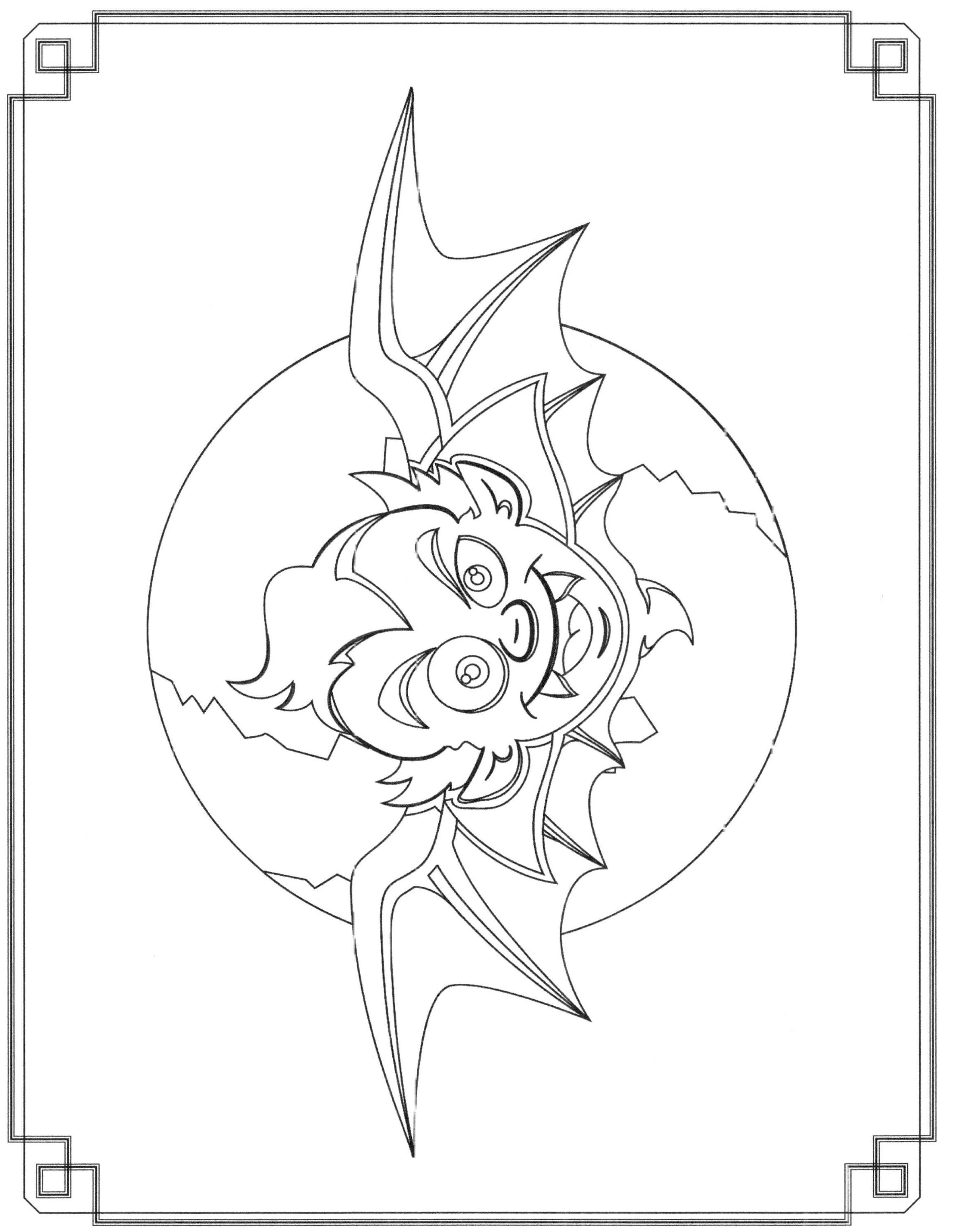

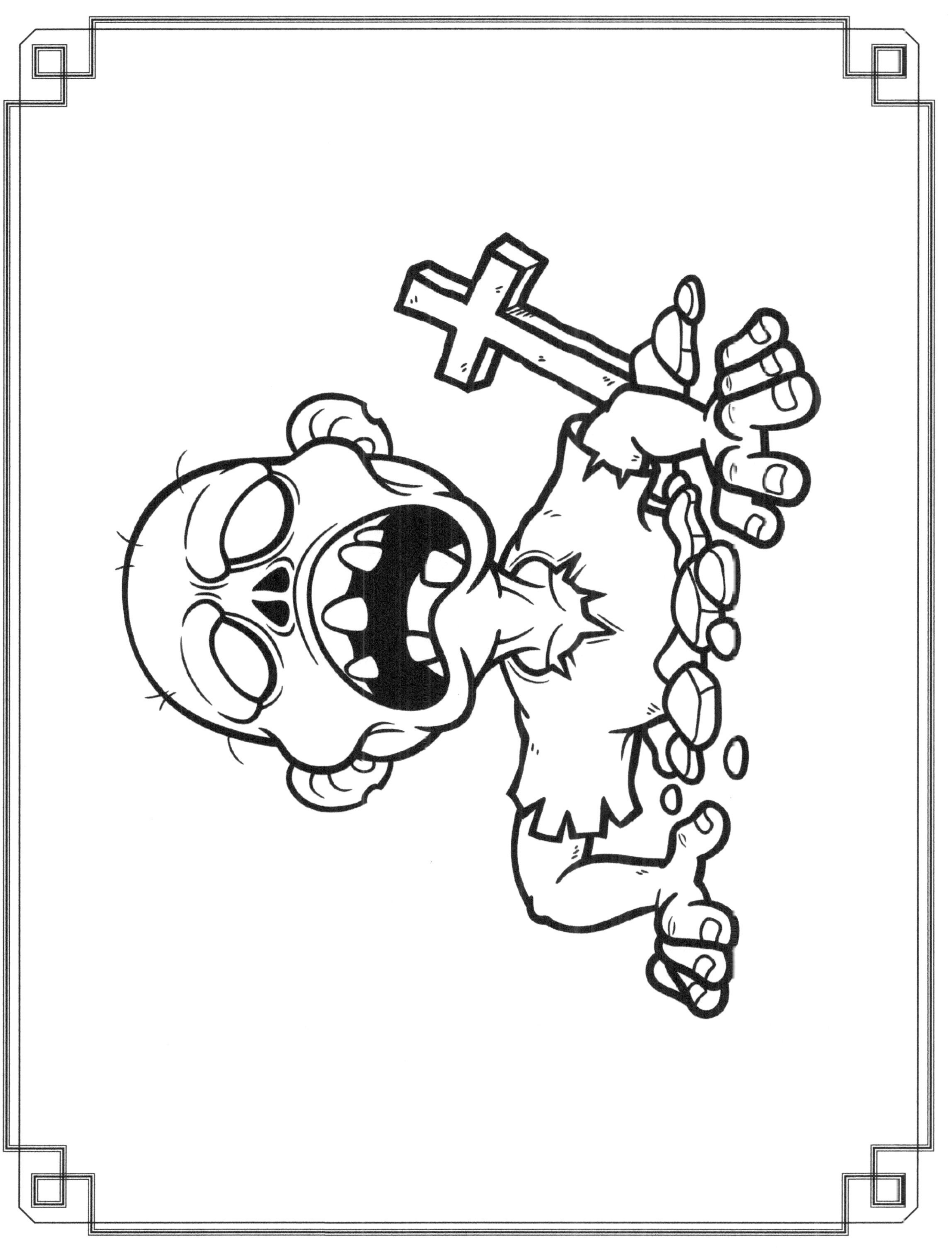

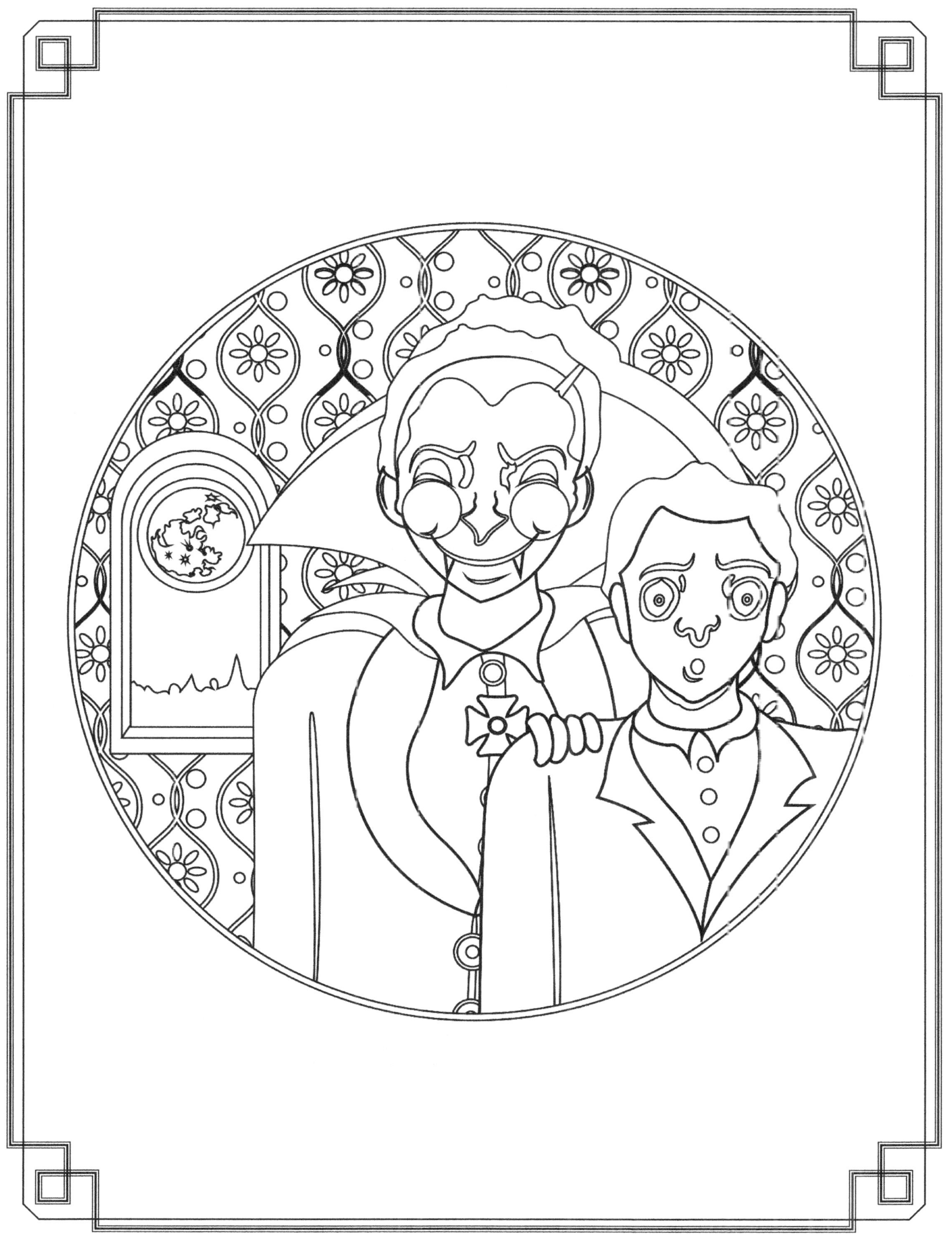

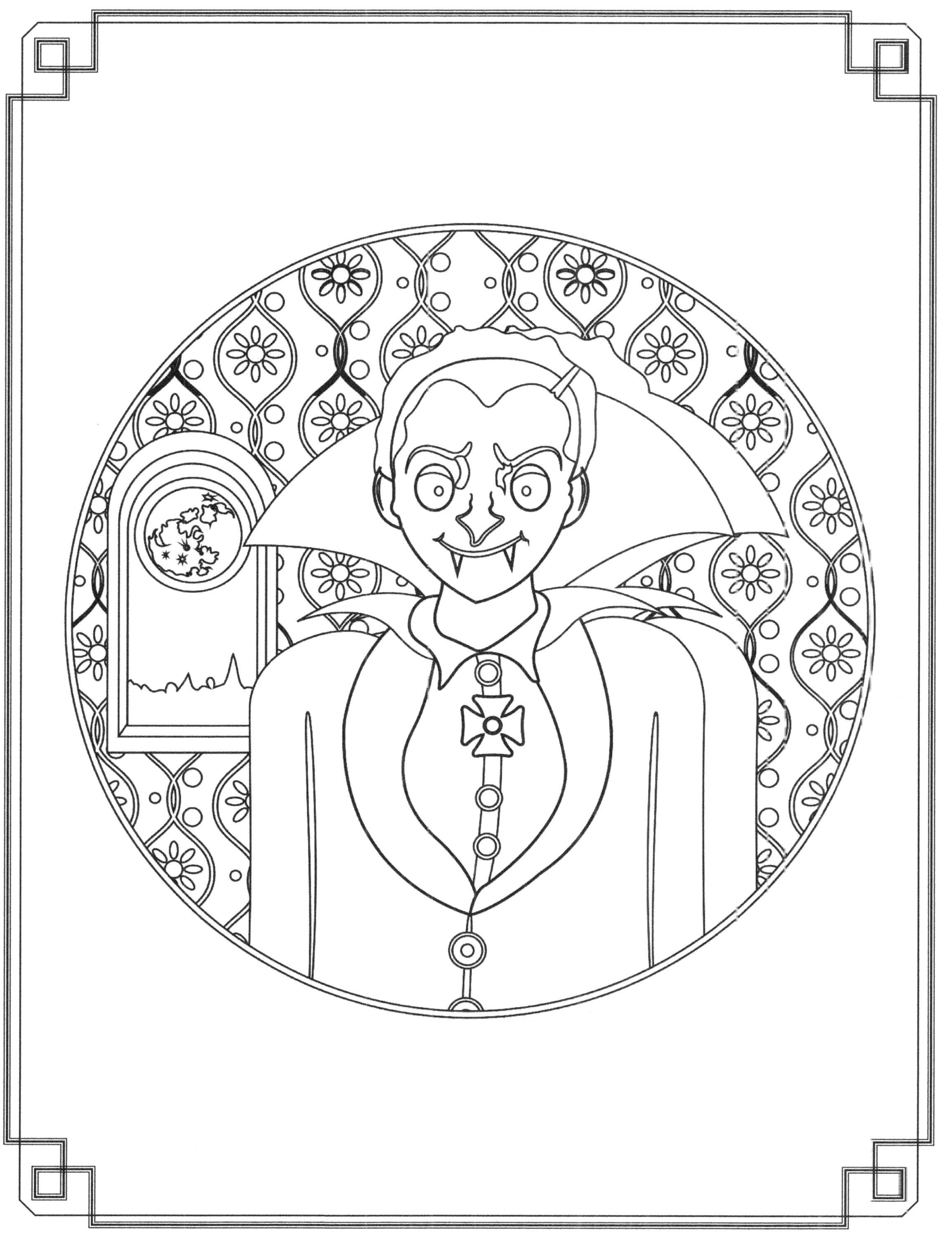

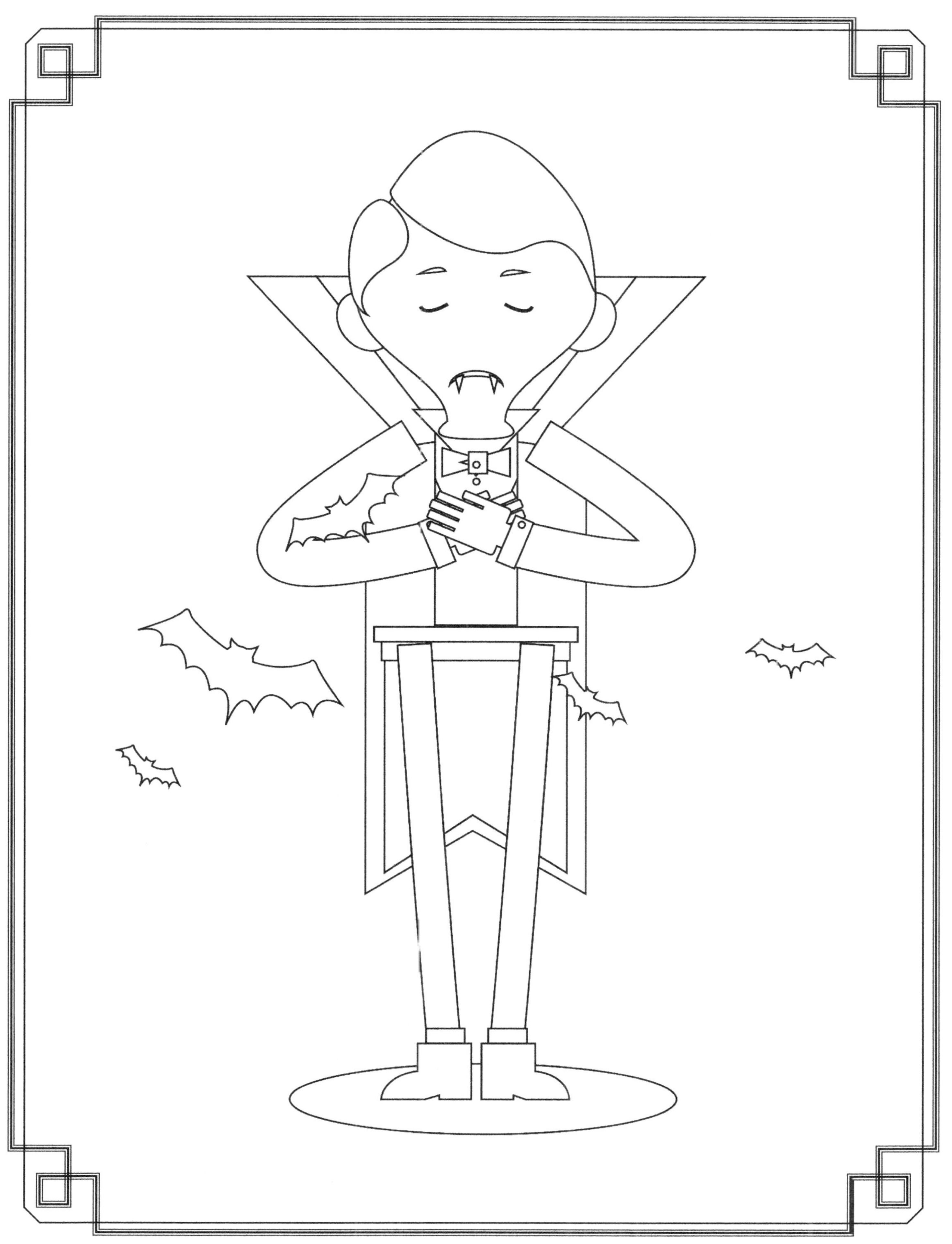

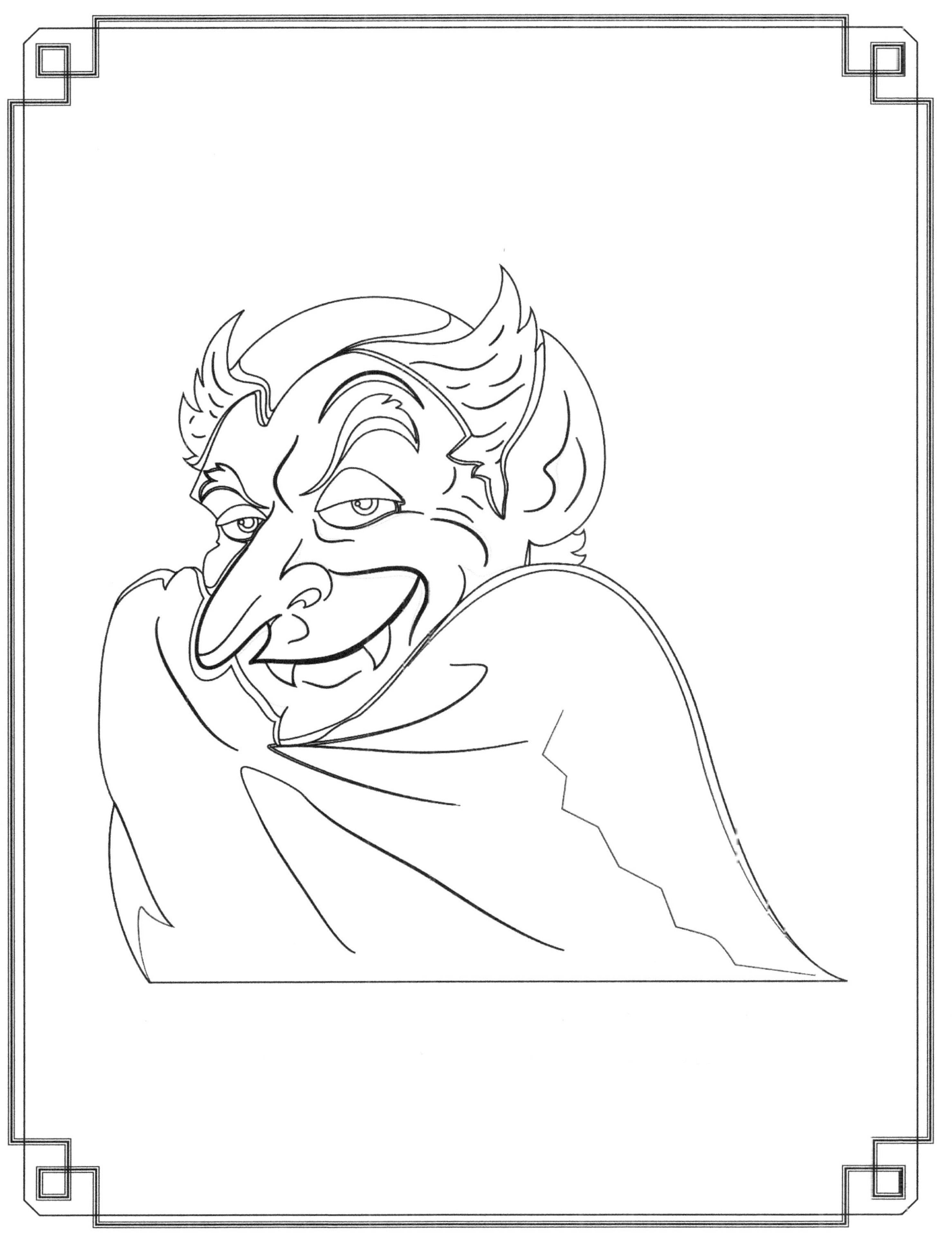

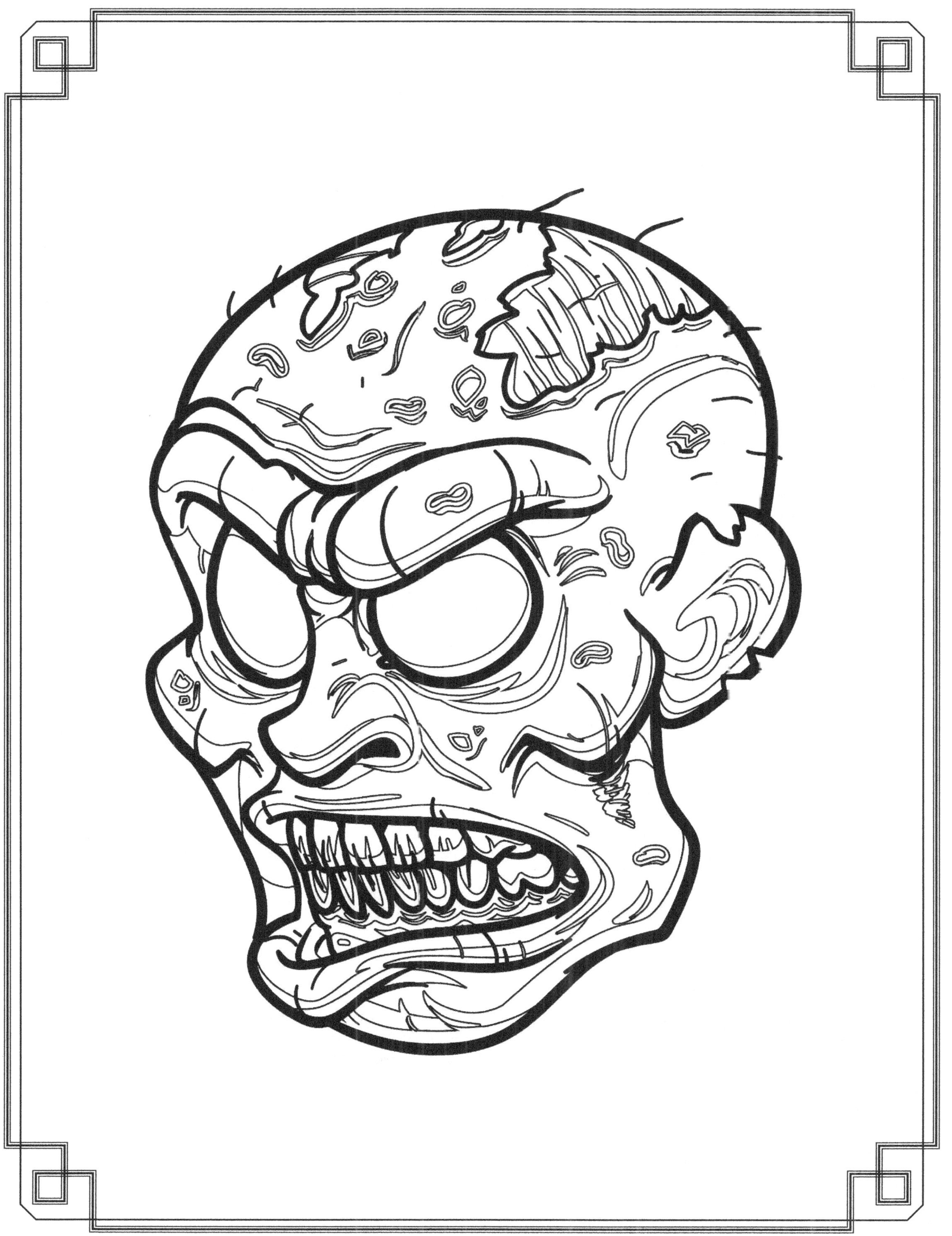

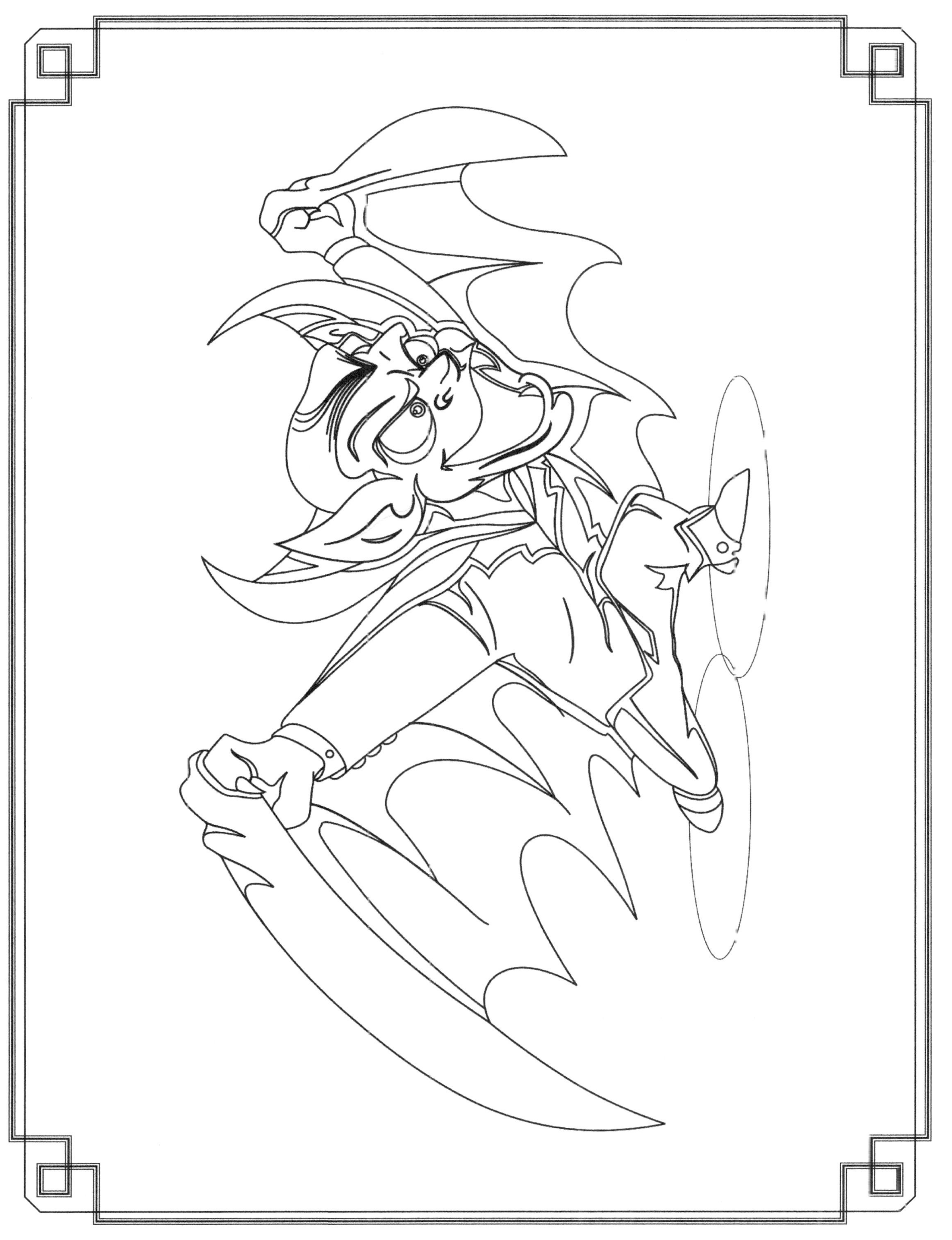

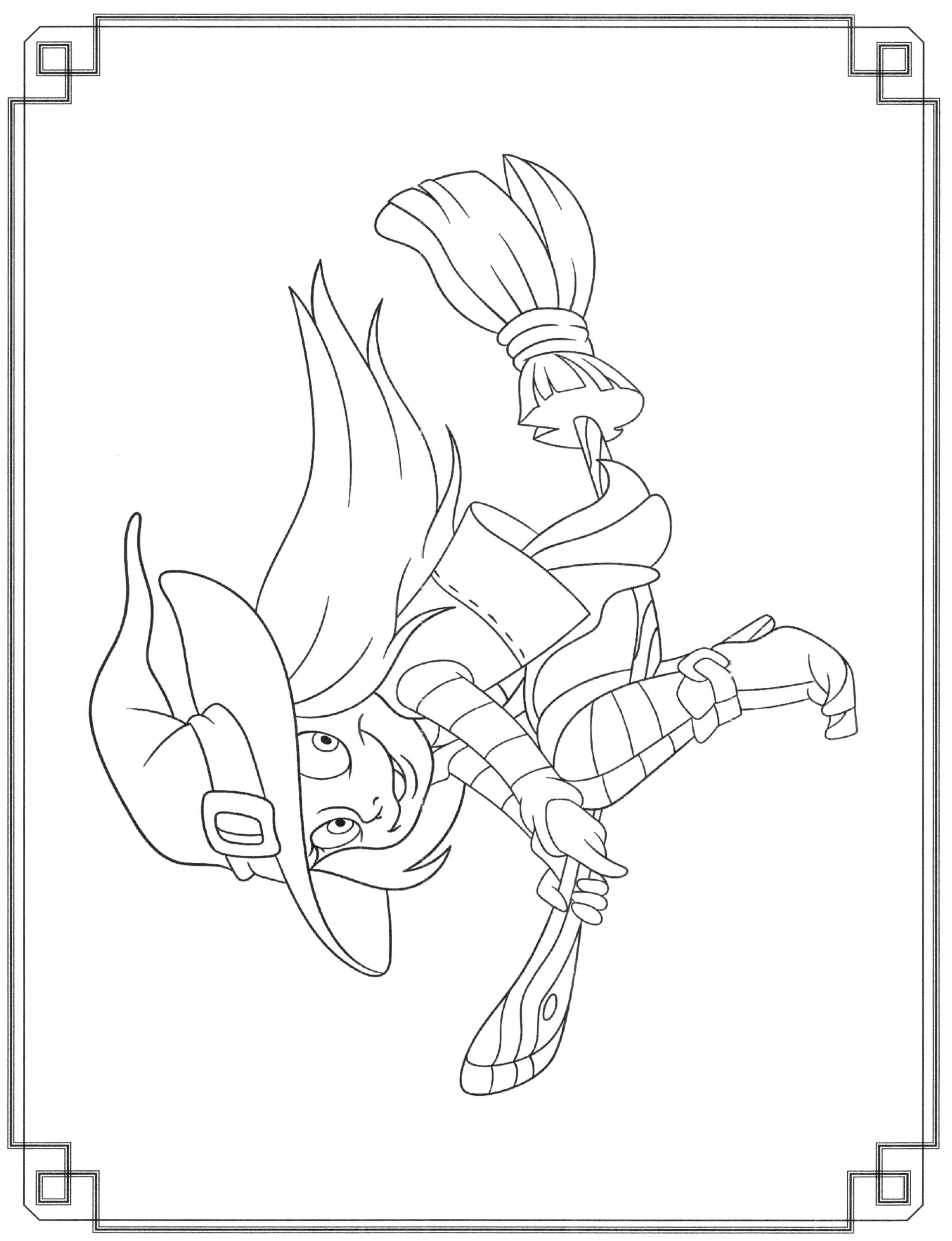

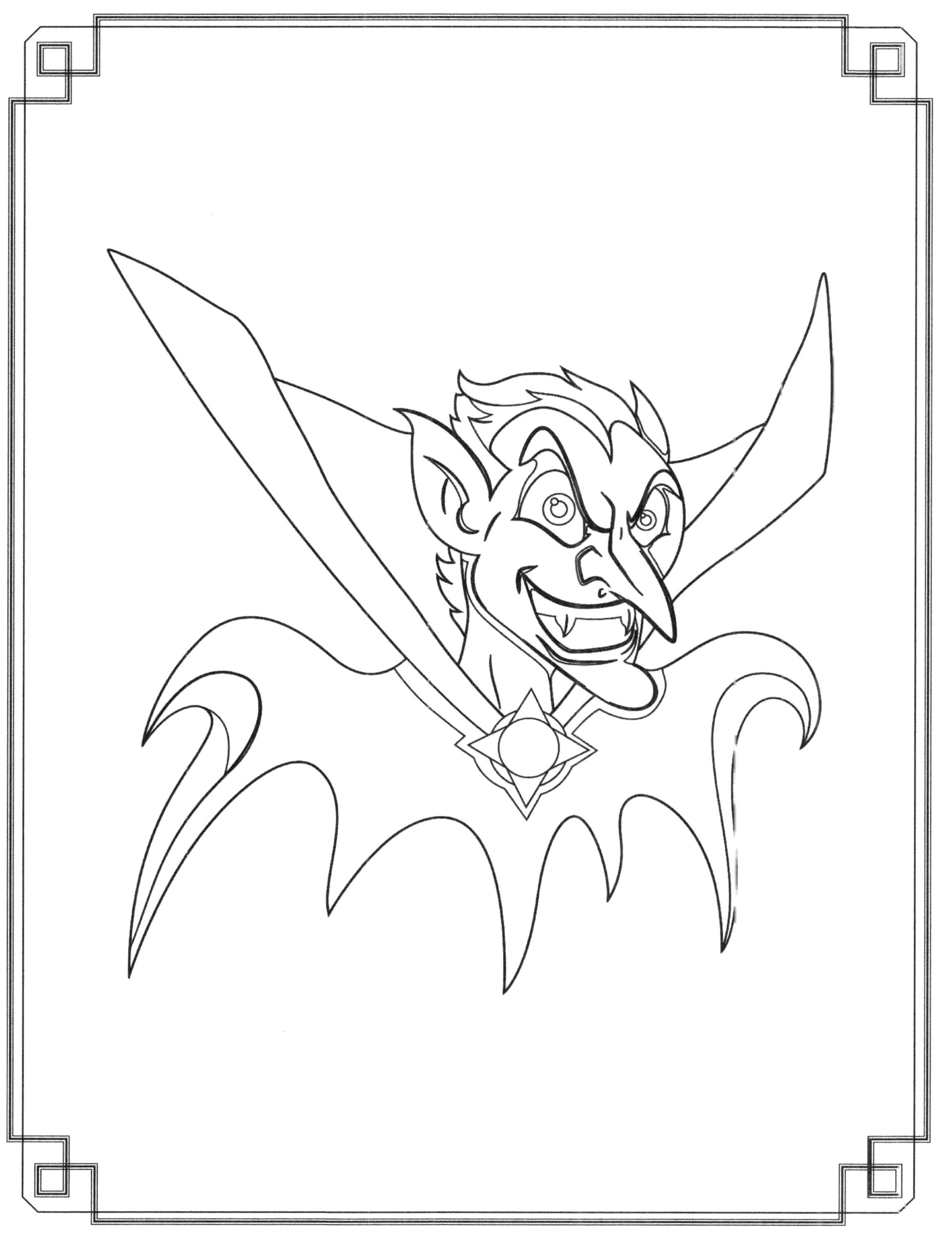

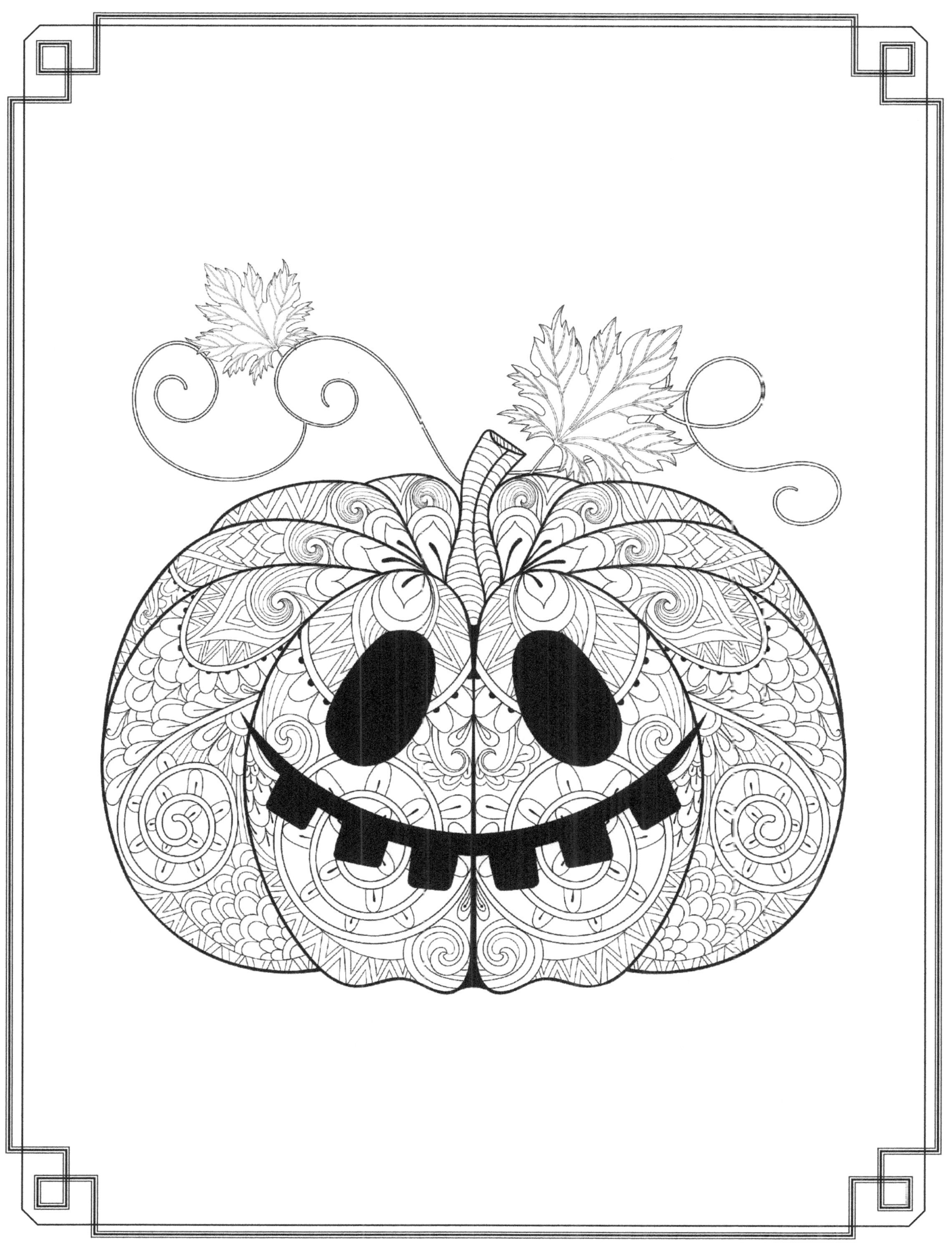

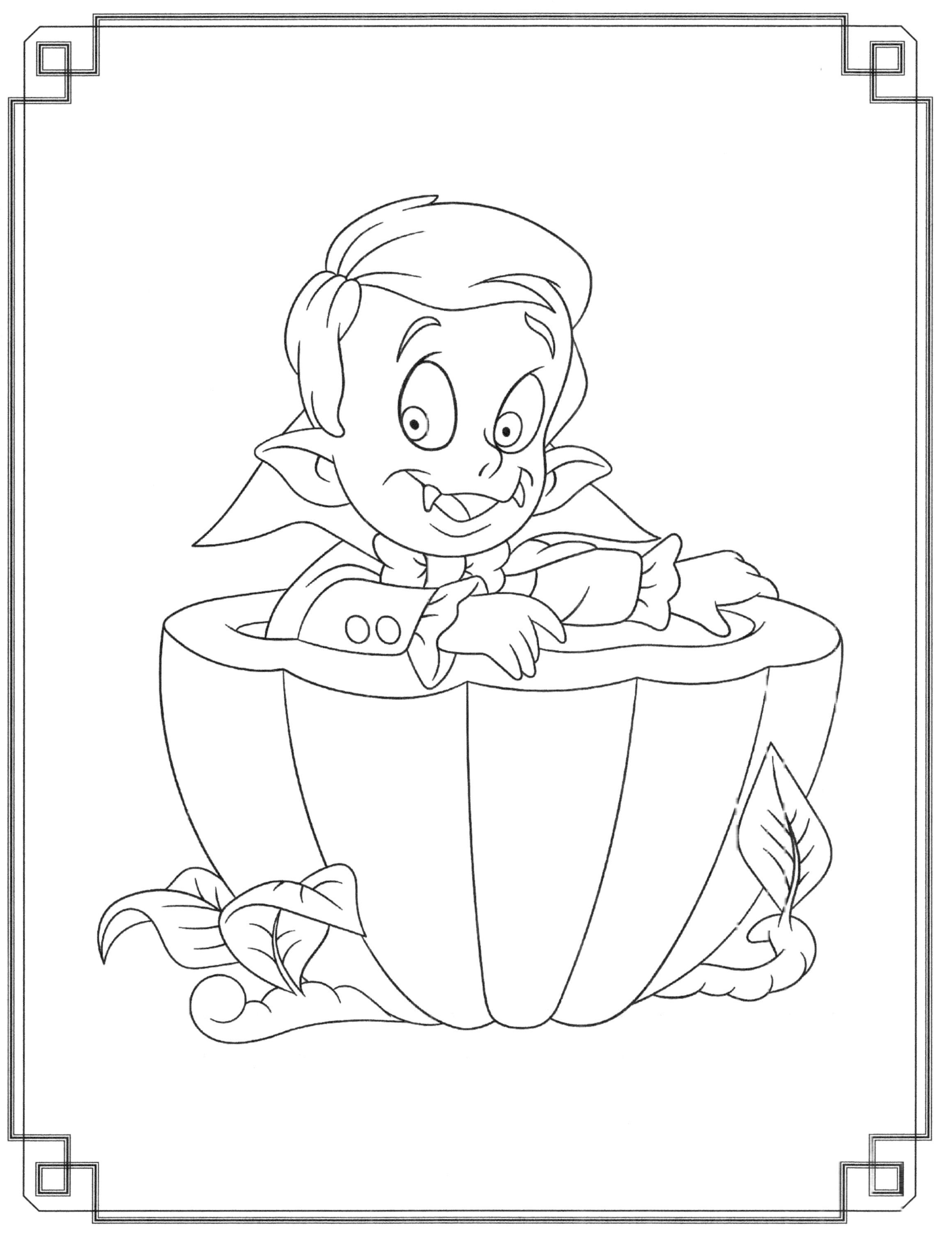

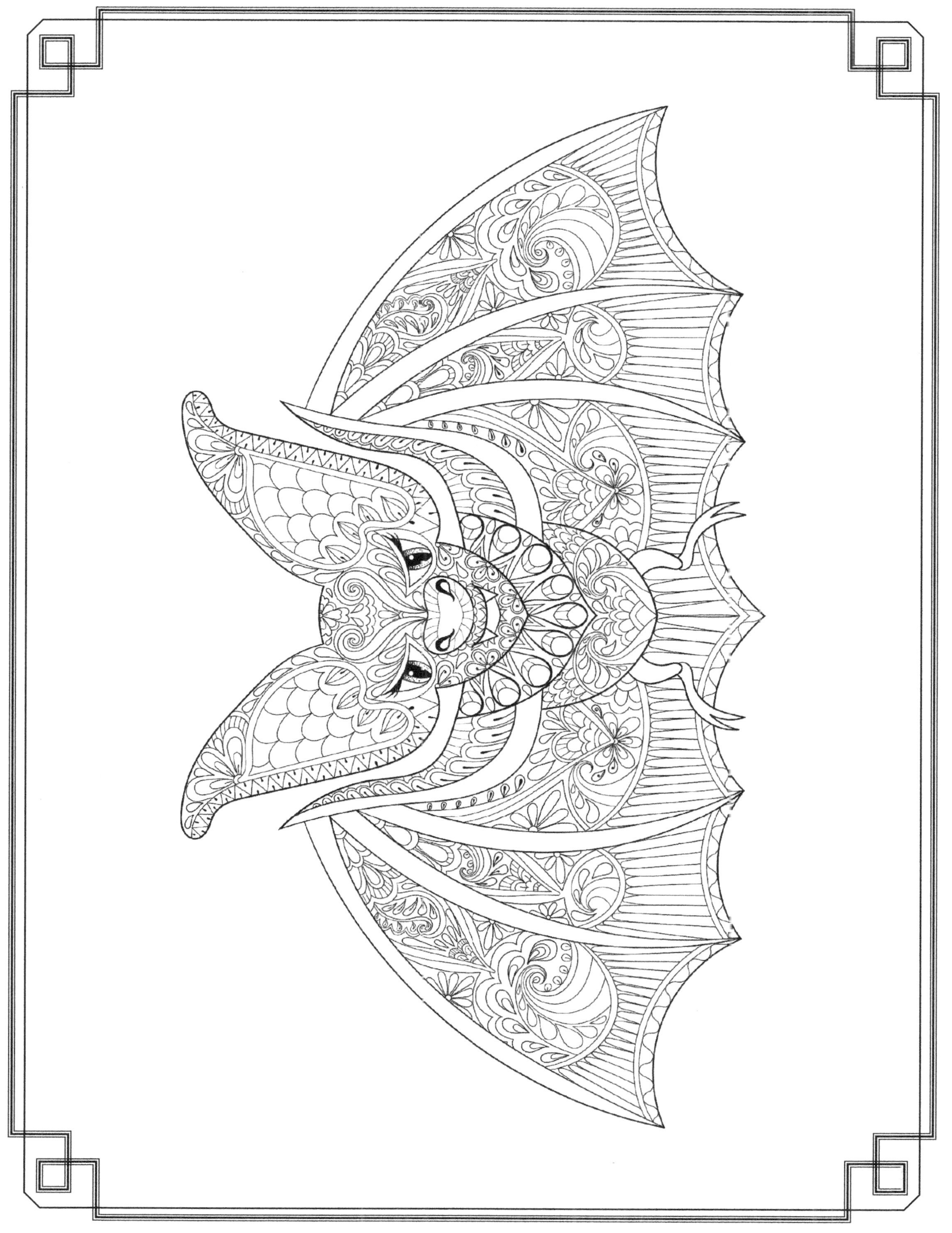

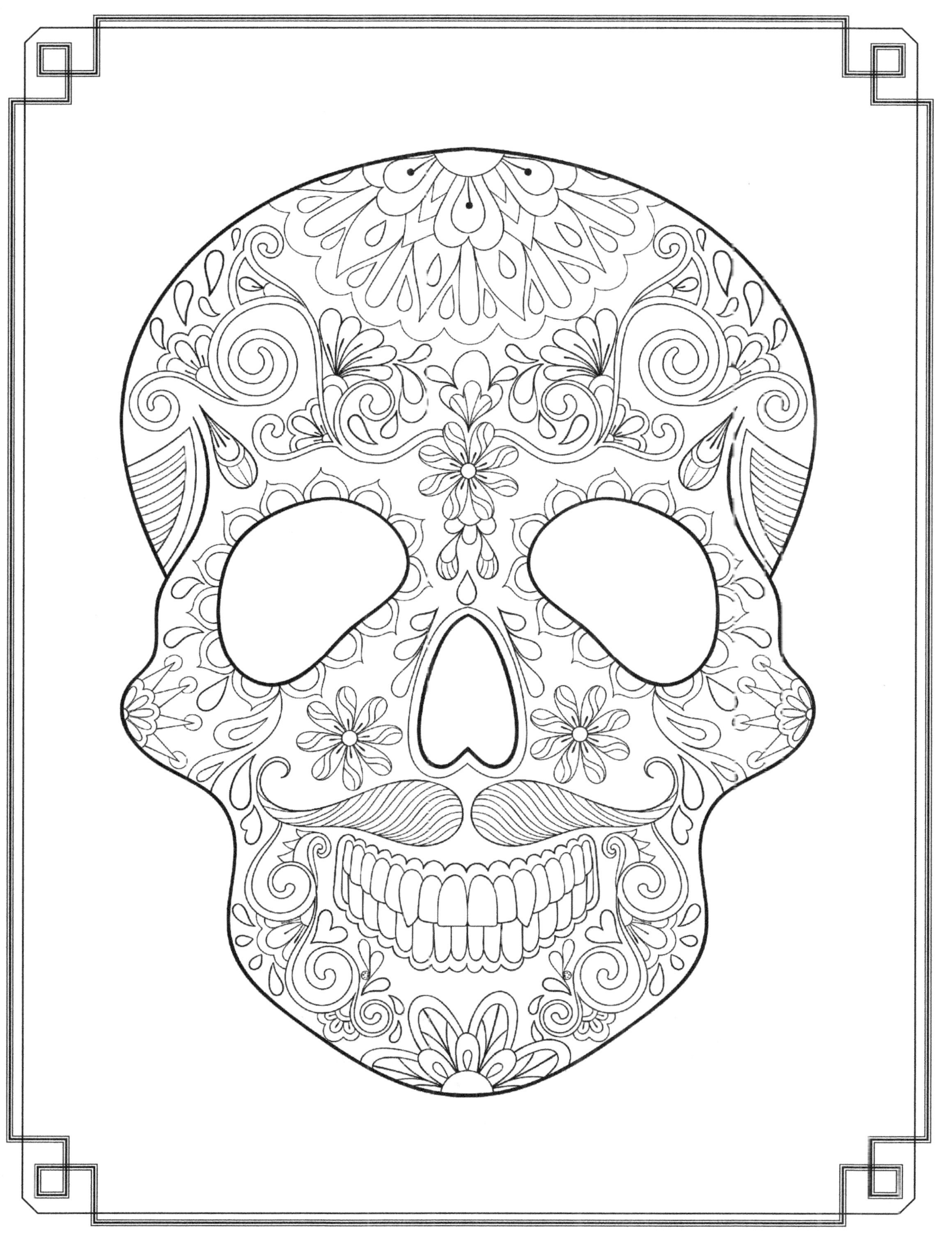

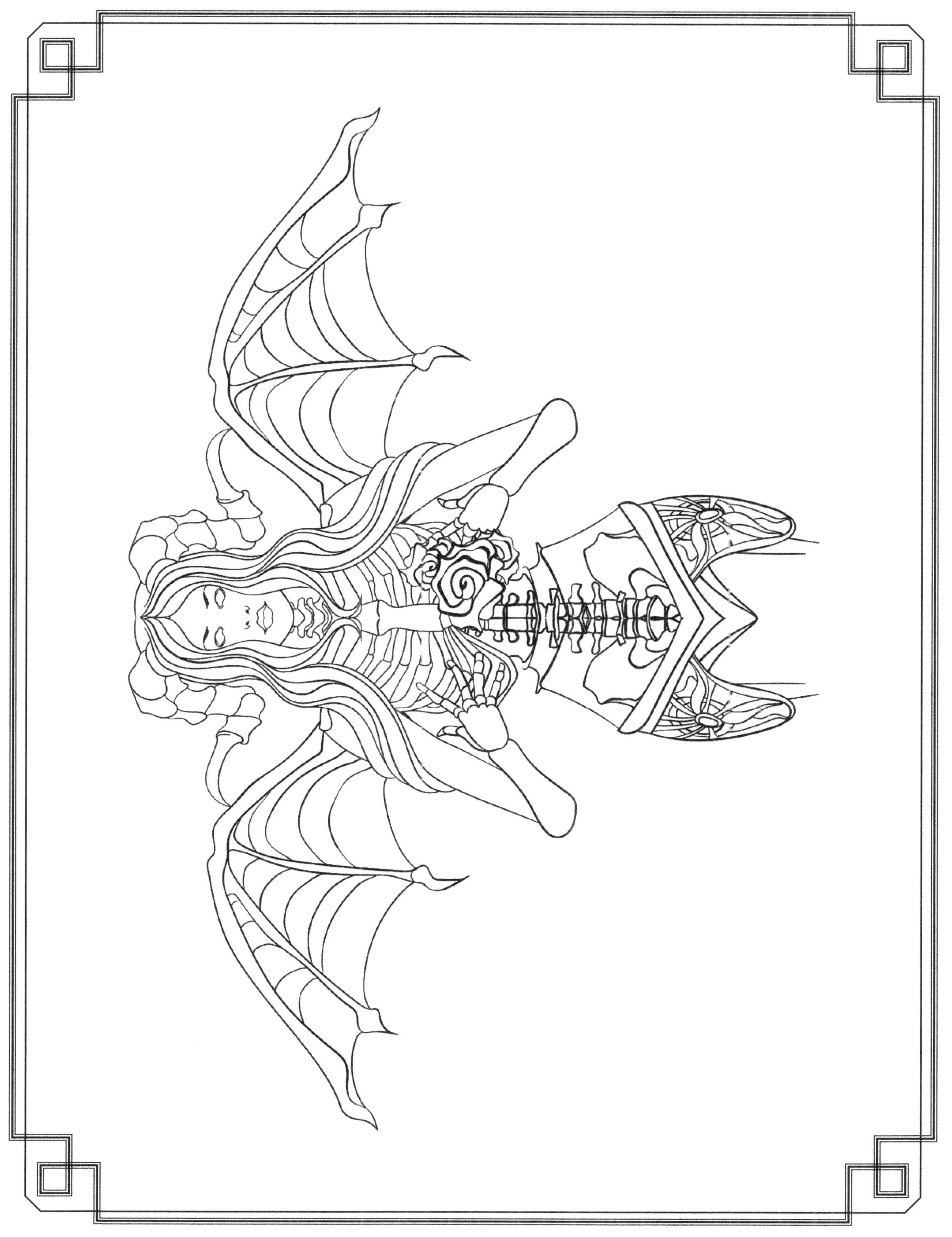

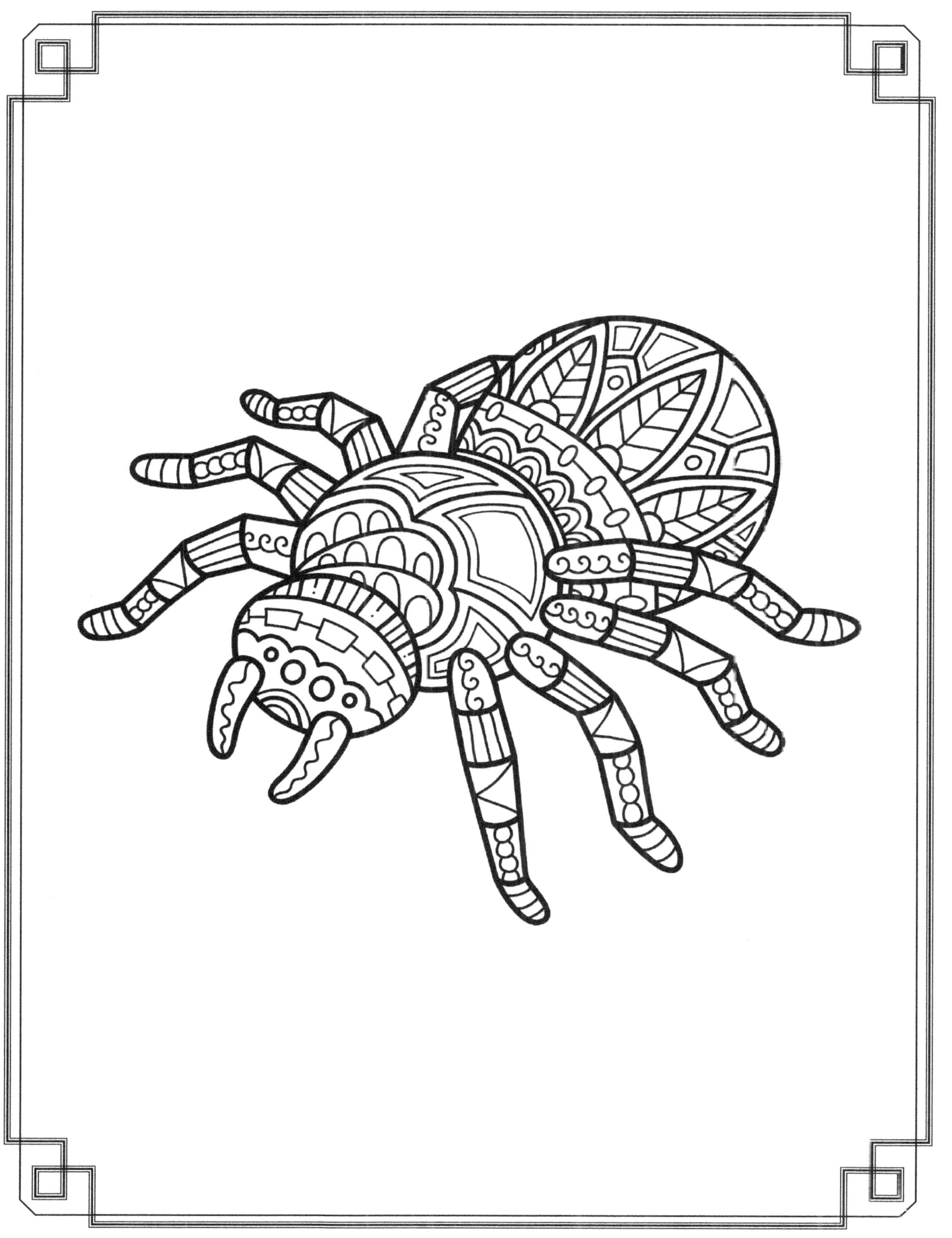

Made in the USA
Monee, IL
07 July 2026

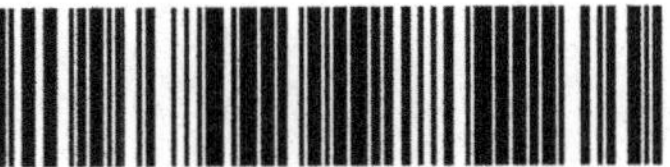

56547081R00037